음식 1인분, 문화 1인분 주문이요!

음식 1인분, 문화 1인분 주문이요!

초판 1쇄 인쇄 2025년 11월 4일
초판 1쇄 발행 2025년 11월 17일

글 이정주
그림 이진아

펴낸곳 도서출판 개암나무(주)
펴낸이 김보경
경영관리 총괄 김수현   **경영관리** 배정은 조영재
편집 조원선 김소희 오은정 이혜인   **디자인** 이은주   **마케팅** 이기성
출판등록 2006년 6월 16일   제22-2944호

주소 서울특별시 용산구 한남대로40길 19, 4층(한남동, JD빌딩) (우)04417
전화 (02)6254-0601, 6207-0603   **팩스** (02)6254-0602   **E-mail** gaeam@gaeamnamu.co.kr
개암나무 블로그 http://blog.naver.com/gaeamnamu   **개암나무 카페** http://cafe.naver.com/gaeam

ⓒ 이정주, 이진아 2025
이 책의 저작권은 저자에게 있습니다.
저자와 출판사의 허락 없이 내용의 일부를 인용하거나 발췌하는 것을 금합니다.

ISBN 978-89-6830-897-0 73330

KC	**품명** 아동 도서	**제조년월** 2025년 11월 17일	**사용연령** 11세 이상
	제조자명 개암나무(주)	**제조국명** 대한민국	**전화번호** 02-6254-0601
	주소 서울특별시 용산구 한남대로40길 19, 4층(한남동, JD빌딩)		

음식 1인분, 문화 1인분 주문이요!

이정주 글 이진아 그림

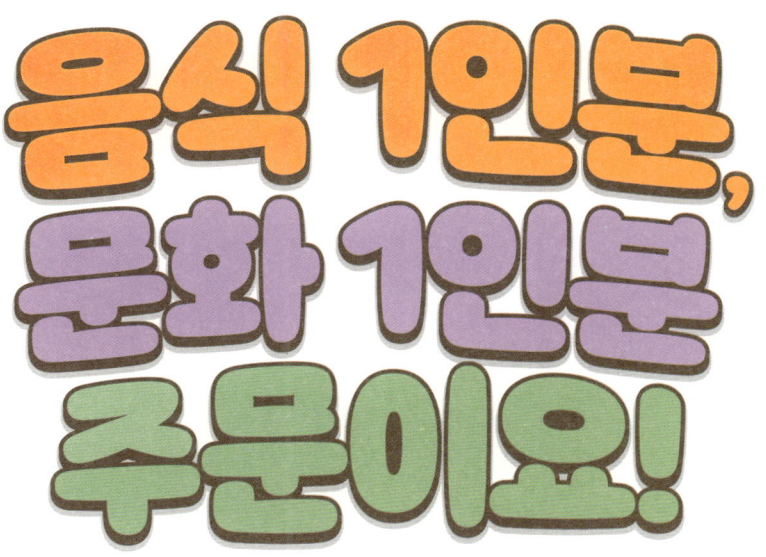

제대로 알고, 맛있게 먹자!

개암나무

작가의 말

어릴 때부터 잘 먹고, 잘 살자!

애니메이션 〈케이팝 데몬 헌터스〉에는 주인공 루미가 김밥을 통째로 먹는 장면이 나와요. '케데헌'이 세계적 인기를 끌자 SNS에서는 '루미처럼 김밥 한입에 먹기 챌린지'가 유행했어요. 외국인들이 김밥을 자르지 않고 먹는 모습을 보면서 한국의 어르신들은 "김밥은 찰기가 있는 밥과 속 재료를 단단하게 말아서 저렇게 삼키면 목이 막힐 수 있어"라며 걱정하셨어요.

한국인이 즐겨 먹는 쌀은 자포니카 종으로, 밥을 지었을 때 윤기가 흐르고 차진 게 특징이에요. 밥을 뭉쳐 놓아도 흐트러지지 않아 김밥이나 주먹밥을 만들기에 적당하죠. 이 쌀은 사계절이 뚜렷하고 기온이 서늘하며 일교차가 크고 습한 기후에서 잘 자라요.

인도네시아 사람들이 먹는 쌀은 인디카 종으로, 찰기가 적어 볶음밥을 만들기에 좋아요. 인디카는 온도가 높고 비가 많이 오는 열대 기후에서 잘 자라요. 인도네시아의 나시고랭은 밥알을 기름으로 코팅하듯 낱알로 흐트러트린 볶음밥이에요. 기름에 볶은 밥은 상하는 속도가 느려 인도네시아를 비롯한 태국, 베트남 등 더운 나라에서 발달했지요. 이렇게 우리가 먹는 음식에는 자연환경, 역사, 문화, 사회 현상이 그대로 담겨 있어요.

사람의 신체 발달 과정에서 대략 7~18세를 성장기로 보아요. 좋은 음식을 먹어 성장을 돕고 질병에 대한 면역력을 키워야 하는 때예요. 특히 급성장기라 부르는 10~14세는 키가 크고 뼈가 튼튼해지는 시기라 몸에 좋은 음식을 먹어야 해요. 하지만 한국 어린이들의 현실은 그렇지 못해요. 아침 식사를 거르고 학교에 가고, 신선한 채소 섭취량은 점점 줄고 있어요. 학원 시간을 맞추느라 컵라면이나 편의점 도시락으로 한 끼를 때우기 십상이죠. 피자, 햄버거 같은 패스트푸드를 좋아하고, 친구들과 맵고 자극적인 마라탕을 먹으러 가요. 저녁에는 먹방을 보면서 치킨이나 족발을 시켜 먹고요.

요즘 유행하는 음식이 어디에서 왔는지, 어떻게 먹으면 건강에 도움이 되는지를 알려주기 위해 이 책을 썼어요. 음식을 제대로 알면 먹을거리를 고를 때 조금 더 신중할 테니까요. 달콤한 음식, 맵고 짠 자극적인 음식, 패스트푸드에 익숙해진 식습관은 건강에 문제를 일으켜요. 2025년 초등학생 열 명 중 두 명 정도는 비만이라는 연구 결과가 있어요. 비만은 다양한 질병의 원인이 돼요. 음식은 소중한 내 몸으로 들어가니 좋은 재료로 만든, 건강에 이로운 음식을 먹어야 해요. 물론 가장 맛있게 먹는 방법도 알아야 하고요. 이 책을 읽고 음식에 관한 지식을 얻으면 좋겠어요.

이 책을 처음 쓰기 시작할 때 생각한 제목은 '잘 먹고, 잘 살자'였어요. '잘 먹고 건강해야 오래도록 즐거움을 누릴 수 있다'라는 말을 전하고 싶었지요. 한국 문화가 세계적으로 퍼지면서 K-푸드의 인기도 점점 높아지고 있으니 우리의 먹을거리를 돌아보는 계기가 되었으면 좋겠어요. 이 책을 읽는 모든 어린이가 지혜롭게 음식을 선택하고, 맛있게 먹고, 신나게 운동하여 건강하게 자라나기를 진심으로 기원해요.

이정주

차례

작가의 말 · 4

컵라면과 삼각김밥은 한 세트 · 8

우리는 모두 배달의 민족 · 27

먹방이 세상에서 제일 좋아! · 43

등장인물

서진하
(푸른초 5학년)
엄마가 직장에 다녀서 저녁을 간단하게 해결하는 날이 많아요. 먹방을 즐겨 보고 식문화에 관심이 커요.

유찬영
(푸른초 5학년)
진하와 유치원 때부터 친구예요. 아이돌 연습생에 떨어져 충격을 받고 다이어트를 시작했어요.

좀, 많이, 달콤한 쭈스 가게 · 59

식욕 팍팍, 햄버거 가게의 비밀 · 78

육식
삼겹살은 못 참아! · 96

길거리 음식
내겐 너무 사랑스러운 호떡 · 114

김희서
(푸른초 5학년)
진하와 같은 반, 같은 학원에 다니는 단짝 친구예요. 매운 음식을 잘 먹지 못하고, 패스트푸드를 좋아해요.

서윤하
(한빛조리고 1학년)
진하의 언니예요. 멋진 조리사를 꿈꾸고 있어요.

편의점
컵라면과 삼각김밥은 한 세트

진하는 힘없이 계단을 걸어 내려왔어요. 머릿속에서는 열이 끓어올랐지요.

"수학 쪽지 시험 70점을 못 넘겨서 내일 재시험이라니! 한 문제만 더 맞혔으면 통과였는데. 아, 억울해. 짜증 나!"

진하는 1층 편의점으로 들어갔어요. 오늘은 단짝 친구 희서도 없어서 혼자 저녁을 먹고, 영어 학원에 가야 해요.

진하는 편의점 매대에서 '더 매운 컵라면'을 집었어요. 계산대로 가려다 '참치마요 삼각김밥'도 가져왔어요. 계산대 앞에 놓인 초콜릿도 집었지요. 달콤한 간식을 먹어야만 스트레스가 사라질 것 같았어요.

계산을 마친 진하는 컵라면에 물을 붓고 기다렸어요. 그 사이 초콜릿을 뜯어 오물오물 씹었어요. 달콤한 초콜릿 덕분에 마음이 조금은 누그러들었어요.

그때 같은 반 친구 찬영이가 옆에 컵라면을 내려놓으며 인사했어요.

"안녕!"

"방금 전까지 학원에 같이 있었으면서 새삼스럽게 뭘……."

진하는 학원에서 받은 스트레스 때문에 괜히 퉁명스럽게 말했어요.

"편의점에서는 처음 보니까 인사하는 거지!"

진하는 친절한 찬영이의 대답이 머쓱해져 고개를 돌렸어요.

"곤약 누들? 편의점에 맛있는 컵라면이 얼마나 많은데 왜 이걸 먹어?"

"곤약은 다이어트 식품이야. 100그램에 칼로리가 14칼로리밖에 안 되고 포만감도 높아."

"너 다이어트해?"

진하는 새삼스레 찬영이를 보았어요. 약간 통통한 정도였지요. 내일 뭐 먹을지 생각하며 잠든다는 찬영이가 다이어트라니, 뭔가 이상했어요.

"그게, 이유가 있어."

"뭔데? 말해 봐!"

찬영이는 진하를 보더니 한숨을 쉬며 말했어요.

"비밀이야."

유치원 때부터 가까이 살며 친하게 지내 누구보다 찬영이를 잘 안다고 생각했는데 아니었나 봐요.

"이제 나한테도 비밀 생기고 그러냐?"

진하는 섭섭한 마음에 입이 뾰로통해졌어요.

"그, 그게 아니라……."

진하는 찬영이를 빤히 쳐다보았어요. 찬영이는 어쩔 수 없다는 듯 비밀을 털어놓았어요.

"사실은 충격적인 사건이 있었어."

"뭔데?"

찬영이는 어느새 시무룩해졌어요.

"내가 아이돌 오디션에 지원했거든. 근데 기획사 서류 심사에서 떨어졌어. 다른 지원자들 이야기 들어 보니까 몸무게 때문이더라고. 체중을 솔직하게 적었는데 그 기획사 기준으로는 내가 비만이래."

"뭐? 네가?"

"그 회사에서 키운 아이돌그룹 세븐티파이브 멤버들은 키가 180센티미터가 넘는데 몸무게는 60~70킬로그램이더라. 진짜 뼈가 보일 정도로 마른 '뼈말라'여야 하나 봐. 그래서 살 빼고 다시 도전하려고. 오디션 본 거 너한테만 말하는 거니까 다른 사람한테는 비밀이야."

"너, 아무도 모르게 아이돌 오디션에 지원하고, 다이어트까지 하는 거야?"

"서류 합격하면 엄마한테 말하려고."

"그 회사 기준이 깐깐한 거지. 아이돌이 꼭 '뼈말라'만 하는 것도 아니고."

진하는 맛있는 음식 천국인 편의점에서 마음껏 먹지 못하는 찬영이가 안쓰러웠어요. 그때 찬영이가 진하의 컵라면을 가리키며 말했어요.

"야, 면발 붇겠다. 어서 먹자."

찬영이의 말에 정신이 든 진하는 컵라면을 먹기 시작했어요. 옆에 있던 삼각김밥도 뜯었지요. 그런데 그만 비닐 포장지와 함께 김이 찢어졌어요. 어쩔 수 없이 밥을 따로 꺼내 김으로 감쌌어요. 그 모습을 본 찬영이가 말했어요.

"내가 잘 벗기는 법 가르쳐 줄까?"

그러면서 자기가 가지고 온 전주비빔 삼각김밥으로 시범을 보였어요.

"가운데 화살표를 잡아당겨 포장지를 완전히 반으로 가르고, 양쪽 비닐을 순서대로 떼어 낸 다음, 한쪽 비닐은 김밥에 끼우면 깔끔하게 삼각김밥을 먹을 수 있어."

찬영이는 직접 깐 전주비빔 삼각김밥을 진하에게 내밀었어요.

"내가 이거 먹으면 너는 뭐 먹어?"

"네가 들고 있는 참치마요 먹으면 되지!"

진하는 자신이 엉망으로 까놓은 참치마요 삼각김밥을 가져가 크게 한 입 베어 무는 찬영이의 행동에 괜히 민망해져 퉁명스럽게 말했어요.

"너는 살 뺀다면서 무슨 삼각김밥을 먹냐?"

"원래 컵라면이랑 삼각김밥은 세트야."

찬영이가 입꼬리를 올리며 씩 웃었어요. 역시 찬영이는 음식 이야기를 할 때 제일 행복해 보여요.

그때 편의점 문이 열리고 같은 반 친구 채경이가 들어왔어요. 채경이는 노래를 잘해서 전교생 사이에서 엄청 유명해요. 찬영이가 웃으면서 두 사람 쪽으로 걸어오는 채경이에게 인사했어요.

"채경아, 여기 웬일이야?"

"나 내일부터 여기 수학 학원 다니기로 해서 미리 와 봤어. 너희도 여기 다녀?"

"맞아."

간단하게 대답한 진하와 달리 찬영이는 채경이랑 긴 대화를 나눴어요.

"진하야, 나는 채경이한테 학원 소개 좀 해 주고 영어 학원으로 갈게. 내가 먹은 컵라면 정리 좀 부탁해!"

그러더니 먹던 곤약 누들과 삼각김밥을 남기고 일어섰어요.

"뭐라고?"

진하는 어이가 없었어요. 쓰레기만 남기고 채경이랑 쏙 빠져나가는 찬영이가 얄미웠어요. 진하는 옆에 있던 콜라 한 캔을 단숨에 마셔 버렸어요. 편의점을 나가려다 그 모습을 본 찬영이가 진하에게 걱정인지 잔소리인지 모를 말을 남겼어요.

"탄산음료는 아무리 마셔도 갈증이 사라지지 않아. 게다가 다이어트의 적이라고! 차라리 생수를 먹어."

그러더니 편의점 문을 열고 채경이를 부르며 뛰어갔어요. 진하는 환타도 사 와서 벌컥벌컥 마셨어요. 탄산이 든 음료수를 연거푸 두 캔이나 마셨더니 배 속에서 거품이 올라오는 기분이었어요.

'영어 학원 시작할 시간이네!'

진하는 영어 학원이 있는 2층 계단을 뛰어 올라갔어요. 뛸 때마다 배가 출렁거리고 가스가 부글부글 끓어오르는 것 같았지요.

미국 텍사스주의 제빙회사에서 시작된 편의점

1927년, 미국 텍사스주 사우스랜드 제빙회사 직원 제퍼슨 그린은 자신이 관리하는 얼음 창고의 남는 공간을 어떻게 활용할까 궁리했어요. 생각 끝에 쉽게 상하는 우유나 달걀, 상온에 두면 녹는 버터나 치즈 등 식료품을 팔기로 했어요. 식료품을 상온에 두는 다른 가게와 달리 제퍼슨은 얼음 옆에 보관하니까 훨씬 신선해서 손님들이 몰려들었어요.

제퍼슨은 다른 가게들이 문을 닫는 저녁이나 일요일에도 식료품 가게를 열었어요. 낮에 장을 보지 못한 사람들이 물건을 사 갔지요. 제퍼슨 그린은 이 식료품 가게로 엄청난 성공을 거두었어요.

이를 지켜본 제빙회사 사장 조 톰슨은 자신이 경영하는 미국 내 제빙 공장과 얼음 창고에서 간단한 식료품을 팔도록 했어요. 점차 통조림, 술, 음료 등 다양한 식음료도 들여놓고, 휘발유도 팔았어요. 이렇게 세계 최초의 편의점 '세븐일레븐'이 탄생했어요. 아침 7시부터 저녁 11시까지 문을 연다는 뜻으로 붙인 이름이죠. 이후 편의점은 과일, 채소, 우유, 음료, 술 등을 한번에 살 수 있는 가게로 인기를 누렸어요. 일부 편의점은 연중무휴, 하루 24시간 문을 열었지요.

그 무렵 미국 사람들은 편의점을 '우리 동네 냉장고'라고 불렀대요. 그때만 해도 각 가정에 냉장고가 별로 없었어요. 냉장 시설을 제대로 갖추고 식료품을 파는 가게도 드물었고요. 편의점은 냉장 시설로 식품의 안전성과 신뢰를 높였어요. 지금도 미국에서 편의점이 잘되는 곳은 텍사스주, 캘리

포니아주, 플로리다주처럼 날씨가 더운 지역이에요. 알래스카주나 와이오밍주 등 기온이 낮은 곳은 더운 지역에 비해 편의점 수가 적어요.

편의점의 변신은 무죄

편의점은 언제부터 늘어났을까요? 1970년대, 세븐일레븐은 일본에 진출했는데 미국에서보다 더 많은 점포를 내며 성공했어요. 이후 일본 기업이 미국의 세븐일레븐을 사들였지요.

우리나라에는 1982년, 서울시 중구 신당동 약수시장 앞에 '롯데세븐' 1호점이 들어왔어요. 이때는 고작 3호점을 끝으로 2년도 채우지 못하고 문을 닫았어요. 지금보다 국민 소득이 낮아서 편의점 문턱을 높게 느꼈다고 해요.

서울올림픽을 성공적으로 치르고 난 1989년, 서울 송파구 올림픽선수촌에 '세븐일레븐 1호점'이 문을 열었어요. 하지만 여전히 이용하는 사람은 적고 매장 수도 거의 늘지 않았지요.

그러다 1992년, 드라마 〈질투〉 덕분에 크게 성장했어요. 이 드라마에는 주인공들이 편의점에서 컵라면과 김밥을 먹으며 데이트하는 장면이 자주 나왔어요. 드라마 방영 이후 편의점 수가 급격하게 늘고, 편의점에서 컵라면을 먹는 사람이 증가했어요.

이후 편의점은 승승장구하여 2025년 기준, 점포 수 약 5만 5천 개를 기록하고 있어요. 한국에서는 매년 천 개씩 편의점이 늘고 있대요. 편의점 문화가 발달한 일본보다 더 많이 늘었지요.

이렇게 한국에서 편의점이 늘어나는 이유는 1인 가구 증가로 추정해요. 2023년 통계청에 따르면 도시의 세 집 중 한 집은 혼자 사는 1인 가구예요. 1인 가구는 편의점을 자주 가요. 대형마트까지 가려면 시간도 오래 걸리고, 많은 양을 사야 하니까 가까운 편의점에서 간단하게 해결하는 거죠. 편의점은 24시간 문을 여니 필요할 때 언제든 방문할 수도 있어요. 요즘은 편의점에서 장을 보는 '편장족'도 늘고 있어요.

배고픔을 달래 주는 컵라면의 탄생

일본은 제2차 세계 대전 후 극심한 식량 부족에 시달렸어요. 농지가 망가지고, 공장이 파괴되어 식품이 제대로 공급되지 않았어요. 대만 출신의 일본인 사업가 안도 모모후쿠는 구호물자로 보급된 밀가루로 쉽게 배고픔을 해결할 수 있는 간편식을 개발하기로 결심했어요.

1958년, 안도 모모후쿠는 세계 최초의 즉석 라면 '치킨라면'을 개발했어요. 라면은 엄청난 인기를 끌었고, 그가 설립한 닛신 식품은 일본을 대표하는 기업으로 성장했어요.

일본에 라면 회사가 많아져 판매가 줄자 안도 모모후쿠는 새로운 제품 개발을 고민했어요. 몇몇 이야기에 따르면 사업차 만난 외국인이 종이컵에 라면을 넣고 끓는 물을 부어 포크로 먹는 모습에서 아이디어를 얻었대요. 그런데 라면이 익을 만큼의 뜨거운 물을 부어 사용할 만한 용기가 없었어요. 안도 모모후쿠는 뜨거운 물에 강하고, 단열이 잘되는 스티로폼 용기도 만들었어요. 1971년, 마침내 컵 모양 용기에 뜨거운 물을 부어서 먹는 컵라면이 처음으로 세상에 나왔답니다.

전쟁 이후 배고픔을 달래 준 한국의 라면

우리나라에서도 비슷한 이유로 라면이 개발됐어요. 대한민국은 6·25 전쟁 직후 식량이 부족해 국민 대다수가 굶주림에 시달렸어요. 한 식품 회사 사장은 시장에서 꿀꿀이죽을 먹기 위해 길게 줄 서 있는 사람들을 보았어요. 꿀꿀이죽은 한반도에 주둔하던 미군 부대에서 먹고 남은 잔반을 모두 넣고 끓인 잡탕이에요. 이름도 사람이 먹을 음식이 아닌 돼지 먹이라는 뜻으로 붙었지요. 그는 일본에 출장 갔을 때 일본 사람들이 인스턴트 라면으로 배고픔을 달래는 모습을 보며 한국에 돌아와 라면을 개발했어요. 일본에서 기계와 기술을 들여와 1963년, 우리나라 최초의 인스턴트 라면 '삼양라면'을 내놓았어요. 1965년에는 농심이 라면 시장에 뛰어들면서 소비자 입맛에 맞춘 다양한 라면이 나왔어요. 밀가루 음식 장려 정책을 실시하고 군대에서 라면을 부식으로 채택하는 등 정부 지원에 힘입어 라면은 한국인의 대표 간편식으로 자리 잡았답니다.

컵라면의 영원한 친구 삼각김밥의 비밀

1970년대 일본의 편의점에서는 햄버거, 샌드위치, 핫도그 등 미국식 패스트푸드를 많이 팔았어요. 편의점이 시작된 미국 방식을 따라한 거예요. 그즈음 일본 세븐일레븐에서는 일본인 입맛에 맞는 간편식을 개발하기로 했어요. 일본의 주먹밥인 오니기리를 상품화하려고 하자 처음에는 회사 내에서 반대가 많았대요. 소풍 갈 때 싸 가는 오니기리를 누가 돈 주고 사 먹냐는 의견이었지요. 하지만 바쁘게 살아가는 현대인에게 조리 없이, 바로 먹을 수 있는 저렴한 음식이 인기가 많을 거라 생각해 편의점 주먹밥을 만들었어요.

한 가지 문제가 있었어요. 밥과 김을 한 번에 포장하면 나중에 먹을 때쯤에는 김이 눅눅해져서 맛이 떨어졌지요. 그러다 일본의 한 기술자가 밥과 김을 나누어 포장하는 기술을 개발했어요. 김과 밥을 비닐로 나누어 놓았다가 포장을 뜯으면 김이 밥을 감싸는 기술이었지요. 삼각김밥에 이 기술을 적용하면서 매출이 껑충 뛰었어요. 1983년에는 '참치마요 삼각김밥'

을 내놓으면서 삼각김밥은 컵라면과 함께 오늘날 편의점을 대표하는 상품으로 자리매김했어요.

일본에서는 세모 모양이든, 동그라미 모양이든 주먹밥을 전부 '오니기리'라고 불러요. 삼각형 주먹밥을 따로 부르는 말이 없지요. 그러다 한국 편의점에 들어오면서 '김에 둘러싸인 세모난 모양의 주먹밥'에 삼각김밥이라는 이름이 생겼어요. 일본에서는 내용물로 주로 매실 절임, 낫토, 다시마 등을 넣었는데, 한국으로 오면서 불고기, 제육, 김치볶음, 전주비빔밥 등 우리 입맛에 맞게 변했어요.

삼각김밥을 만드는 쌀은 따로 있어요

아시아에서 재배되는 대표적인 쌀은 인디카(Indica)와 자포니카(Japonica)예요. 인디카는 전 세계 쌀 무역량의 90%를 차지하는 대표적인 품종으로 모양이 길쭉하고, 찰기가 적어 밥알이 흩어져요. 태국, 베트남, 인도네시아 등에서 먹는 쌀 품종이 인디카예요. 찰기가 없는 인디카 쌀이 익숙하지 않은 한국 사람들은 "입에서 날린다"고 표현하기도 해요.

한국, 일본, 대만, 중국 북부와 동부에서 먹는 쌀은 자포니카 종이에요. 자포니카는 모양이 둥글고 밥을 지었을 때 윤기가 흐르고 차진 게 특징이에요. 소화가 느리게 진행되어 먹은 뒤 오랫동안 포만감을 느낄 수 있어요. 자포니카는 밥을 뭉쳐 놓아도 모양이 흐트러지지 않아 김밥, 주먹밥, 초밥을 만들기 좋아요. 반면 인디카는 밥을 지으면 푸슬푸슬하여 잘 붙지 않고 밥알이 흩어져요. 그래서 밥알을 기름으로 코팅하는 볶음밥에 적당하지요.

한국과 일본에 김밥이나 주먹밥이 발달하고, 태국이나 인도네시아에 볶음밥이 발달한 이유는 쌀의 특성이 다르기 때문이에요.

약국에서 팔던 콜라

콜라나 사이다처럼 탄산이 녹아 있어 톡 쏘는 듯한 느낌을 주는 음료를 탄산음료라고 해요. 탄산수를 처음 만든 사람은 영국의 화학자 조지프 프리스틀리였어요. 그는 맥주 양조장에서 맥주를 발효시키다 떠오르는 이산화 탄소 거품을 보았어요. 호기심이 들어 거품을 물에 녹여 보았더니 톡 쏘는 시원한 맛이 났지요. 이렇게 탄산수가 탄생했어요. 그는 탄산수에 온천물과 비슷한 거품이 있어 괴혈병을 치료할 수 있으리라 기대했어요. 하지만 예상했던 효과가 나타나지 않아 사업으로 연결하지는 못했지요.

탄산음료는 1886년, 미국의 약사 존 펨버턴이 코카콜라를 개발하면서 급속도로 발전했어요. 그는 술에 코카잎과 콜라나무 열매를 섞은 탄산수를 두통, 스트레스, 소화 불량에 효과가 크다고 홍보하며 약국에서 팔았지요.

이즈음 미국 애틀랜타주에는 금주

법이 생겼어요. 곡물이 부족해 술을 빚지도, 팔지도 못하게 하는 법이 생긴 거예요. 존 펨버턴은 금주령을 피하려고 알코올 성분을 빼고, 탄산수에 코카잎과 콜라 열매 추출액을 섞은 음료를 판매했어요. 주재료의 이름을 따서 '코카콜라'라고 이름 붙였지요. 코카콜라는 금주령 시기에 매출이 크게 늘었어요. 술을 마실 수 없자 사람들이 술 대신 코카콜라를 마시며 마음을 달랬거든요. 그러나 코카잎에 들은 코카인의 중독성과 부작용이 알려져 마약으로 분류되면서 1904년부터는 코카인 성분을 제거한 코카콜라를 판매하고 있어요.

독일 나치가 전쟁용으로 개발한 환타

코카콜라 회사에서 판매하는 과일 맛 탄산음료 '환타'는 전쟁 덕분에 세상에 나올 수 있었어요. 제2차 세계 대전이 일어났던 1939년, 독일은 미국에 이어 세계에서 두 번째로 콜라를 많이 마시는 나라였어요. 독일에 코카콜라 생산 공장이 있을 정도였지요. 전쟁으로 미국과 독일의 무역이 끊기면서 코카콜라 원액을 수입 하기 어려워지자, 당시 코카콜라 독일 지사장이었던 막스 카이트는 콜라를 대체할 탄산음료를 개발하기 시작했어요. 사과주를 빚고 남은 사과 섬유질, 과일즙, 사탕무로 단맛을 내고, 여기에 탄산 가스를 주입해 환타를 완성했어요. 훗날 막스 카이트는 "전쟁으로 물자를 구하기 어려워 찌꺼기 중의 찌꺼기를 긁어 모아 만든 음료였다"고 회상했어요.

전쟁이 끝난 이후였던 1964년, 코카콜라가 독일 환타를 인수했어요. 현재는 '환타'라는 이름은 그대로 쓰지만 초기와는 맛이 전혀 다르답니다.

편의점 음식을 맛있고 건강하게 먹으려면

학교가 끝나자마자 학원에 가야 하는 우리나라의 어린이, 청소년에게 편의점 간편식은 가장 편하게 한 끼를 때울 수 있는 식사예요. 아이들은 시간이 없어 편의점에서 라면, 삼각김밥, 샌드위치 등을 먹지요. 한국의 어린이와 청소년이 편의점에서 식사하는 시간은 평균 7분 남짓이라고 해요. 2021년 한 조사에서는 서울의 초등학교 4학년 5명 중 1명, 중학교 1학년 6명 중 1명이 고혈압으로 나타났어요. 전문가들은 "인스턴트 식품, 패스트푸드를 자주 먹는 식습관이 비만, 고혈압 등 만성 질환으로 이어진다"고 지적하지요.

편의점 음식은 편리하지만 자주 먹으면 건강에 좋지 않아요. 컵라면 같은 즉석식품은 고열량, 고지방, 고나트륨, 고탄수화물 음식이에요. 비만이나 고혈압, 당뇨 등 성인병을 유발할 수 있지요.

편의점 음식에는 몸에 좋은 비타민, 단백질, 미네랄, 식이섬유 등이 부족해요. 햄, 소시지, 베이컨 등 초가공식품을 많이 사용해서 각종 식품첨가물, 조미료 등이 기준을 초과하는 경우가 많고요. 이런 음식을 많이 섭취하면 호르몬에 영향을 미치고, 소화 장애나 알레르기 반응도 나타날 수 있어요.

편의점 음식을 먹으면서 건강을 유지하려면 음식을 더 깐깐하게 골라야 해요. 사람이 살아가는 데 탄수화물, 단백질, 지방, 비타민, 무기질 5가지 영양소는 꼭 필요해요. 그렇기에 비타민, 무기질, 섬유소가 들어있는 음식을 일부러 찾아서 먹어야 해요. 간단한 즉석식품 대신 샐러드를 포함한 도시락, 나물이 가득한 비빔밥, 토마토가 듬뿍 든 샌드위치 등을 고르는 거죠. 포장지에 쓰인 영양 성분이나 열량도 살펴보고요. 조금 귀찮더라도 꼼꼼하게 따져 보고 음식을 고르면 편의점 음식을 더 이롭게 먹을 수 있어요.

밥으로 만든 세계 여러 나라의 음식

한국 – 김밥

김 위에 밥을 펴 놓고 그 위로 시금치, 달걀, 단무지, 오이, 우엉, 햄, 소고기, 참치, 멸치 등 여러 가지 재료를 넣어 돌돌 만 음식이에요. 간편하게 먹을 수 있어 소풍이나 여행 갈 때 자주 먹어요. 한국의 김밥은 식초로 양념하는 일본의 김초밥과 달리 참기름으로 맛을 내요. 속 재료에 따라 다양하고 창의적인 김밥을 만들 수 있는 것도 특징이에요.

미국·일본 – 스팸 무스비

제2차 세계 대전 때 하와이로 건너간 일본인들은 주먹밥과 생선 초밥을 만들어 먹었어요. 전쟁이 계속되면서 생선을 구하기 어려워지자 양념하여 뭉친 밥에 군부대에서 얻은 스팸을 올리고, 김으로 감싼 '무스비' 만들었어요. 스팸 대신, 달걀이나 오이를 넣기도 해요.

인도네시아 - 나시고렝

인도네시아의 대표적인 볶음밥으로 말레이시아, 싱가포르 등 동남아시아 지역에서도 많이 먹어요. 나시고렝은 밥에 인도네시아 전통 소스를 넣고 볶아 만들어요. 달콤한 맛부터 엄청나게 매운맛까지 맛을 조절할 수 있어요. 달걀프라이를 얹어 주기도 하고, 파인애플을 함께 볶기도 해요. 미국 CNN에서 선정한 '세계에서 가장 맛있는 음식' 2위에 오르기도 했어요.

태국 - 카오팟

'카오'는 쌀이라는 뜻이고, '팟'은 볶는다는 뜻이에요. 새우, 오징어, 닭고기, 돼지고기, 소고기, 달걀 등을 여러 채소와 함께 센 불에 재빨리 볶는 음식이에요. 그릇에 낼 때는 오이나 양파 등을 곁들이고, 취향에 따라 고수, 고추, 다진 땅콩, 달걀 등을 함께 올리기도 해요. 피쉬소스에 매운 고추를 잘게 썰어 넣은 '픽남쁠라 소스'를 뿌려 먹으면 태국의 전통적인 맛을 더 느낄 수 있어요.

배달 음식
우리는 모두 배달의 민족

학원이 끝나고 집으로 달려온 진하는 급하게 현관 잠금장치의 비밀번호를 눌렀어요.

"삐비빅"

비밀번호가 틀렸는지 잠금장치가 반짝거리더니 오류 음이 났어요.

"화장실 급한데 현관문까지 왜 이래!"

진하는 숨을 가다듬고 다시 비밀번호를 눌렀어요. 이번에는 다행히 현관문이 열렸어요. 진하는 신발을 벗어 던지고 화장실로 향했어요. 부엌에 있던 엄마가 진하를 불렀지만 대답할 틈이 없었어요.

"후유."

진하는 화장실 변기에 앉은 후에야 마음의 평화를 되찾을 수 있었어요. 학원에서부터 배가 부글거려 죽는 줄 알았어요. 선생님 말씀에 도무지 집중할 수가 없었죠. 아무래도 '더 매운 컵라면'을 먹고 차가운 탄산음료를 두 캔이나 연거푸 마셔서 그런 것 같았어요. 진하는 변기에 앉아 생각했어요.

'이게 다 찬영이 탓이야! 나만 두고 채경이랑 가 버리지만 않았어도 그렇게 마시지는 않았을 텐데.'

진하가 손을 씻고 거실로 나오니 엄마가 식탁에 음식을 차리고 있었어요. 아까는 너무 급해서 제대로 보지 못했는데, 족발에 매콤달콤 막국수까지. 배달 음식이 잔뜩 있었어요.

"진하도 앉아. 학원 다녀온다고 저녁 제대로 못 먹었지?"

"아니야, 나 편의점에서 컵라면이랑 '삼김' 먹었어."

엄마는 고개를 들고 진하에게 물었어요.

"삼김이 뭐야?"

"삼각김밥의 줄임말, 편의점 도시락은 '편도'라고 해."

"애들도 참, 별걸 다 줄이는구먼. 어서 앉아. 엄마도 야근한다고 저녁 못 먹어서 음식 좀 시켰어. 요즘은 이것저것 다 배달돼서 편하다니까."

엄마는 평소 자주 먹지 못하던 야식을 먹어서 신나 보였어요. 게다가 엄마가 어렸을 때는 중국 음식만 배달이 되었다며 "나 때는 말이야" 하고 옛날이야기를 시작하려고 했죠. 벽에 걸린 시계는 벌써 저녁 9시를 가리키고 있었어요. 진하는 별로 배가 고프지 않았지만, 일단 식탁 앞에 앉았어요. 좋아하는 족발을 그냥 지나칠 수 없었거든요.

"배는 안 고프지만, 족발이니까 딱 다섯 점만 먹을래."

말은 그렇게 했지만 족발이 맛있어서 멈출 수 없었어요. 엄마도 너무 맛있다며 한마디 거들었어요.

"족발집 사장님은 족발을 어떻게 만들길래 이렇게 맛있지?"

그때 윤하가 부엌으로 들어왔어요. 진하는 먹는 데 집중하느라 윤하가 들어오는 현관문 소리도 듣지 못했는데 말이에요. 윤하는 엄마가 하는 말을 들었는지 말했어요.

"사람들이 자주 먹는 배달 음식은 대부분 짜고, 달고, 기름져. 염분과 당분이 많아야 맛있다고 기억하거든."

엄마는 반가운 얼굴로 윤하에게 손짓했어요.

"윤하, 너도 어서 앉아서 먹어."

"나는 안 먹을래. 야식 먹고 나면 다음 날 속이 더부룩하거든."

윤하는 고개를 가로저으면서 족발을 먹는 진하를 보았어요.

"너는 내일 증명사진 찍는다고 하지 않았어? 그 사진 학교에도 제출하고, 여권도 만들 거라며."

"아, 맞다! 예쁘게 찍어서 희서한테도 한 장 주기로 했는데……."

진하는 그러면서도 족발 먹기를 멈출 수 없었어요. 오랜만에 먹으니 더 맛있었거든요.

그때 엄마의 스마트폰이 울렸어요. 인천항에서 배를 타고 가야 하는 섬에 사는 외할머니가 영상 통화를 걸어 왔지요.

"엄마!"

엄마는 말끝을 길게 늘이며 어린이처럼 대답했어요. 스마트폰 스피커로 외할머니의 목소리가 들렸어요.

"이 늦은 시간에 뭘 먹는 거여?"

"저녁 못 먹어서 식사 겸 야식으로 족발 먹고 있었어."

그러면서 엄마는 열심히 족발을 먹는 진하 모습을 할머니에게 보여 주었어요.

"아이고, 우리 강아지. 맛있게 먹어!"

"할머니, 거기는 족발 먹기 힘들죠? 다음에 저희 집에서 같이 족발 먹어요."

그때 할머니가 눈이 동그래져서 말씀하셨어요.

"아니여, 할미 사는 곳도 이제 족발이나 치킨 먹을 수 있어. 신선한 과일이나 우유도 배달 돼."

식탁에 모여 있던 진하와 엄마, 윤하까지 깜짝 놀라서 할머니의 말에 귀를 기울였어요. 진하가 대표로 물었어요.

"어떻게요?"

"요새 섬에 사는 사람들한테 드론으로 음식 배달해 주는 서비스가 있어. 참말로 신기한 세상이여."

할머니는 신이 나서 드론이 배달해 준 이야기를 늘어놓았어요. 그사이 진하는 막국수까지 다 먹었지요.

잠자리에 든 진하는 자꾸 목이 말랐어요.

'먹을 땐 괜찮았는데……. 너무 짰나?'

물을 마시는 진하를 보고 화장실에 가던 윤하가 다가왔어요.

"배달 음식은 조리하면서 영양 성분이 달라진다는 이유로 과자나 라면과 달리 영양 성분이 안 적혀 있어. 그래서 나트륨이나 당류를 과도하게 섭취해도 쉽게 알 수 없어. 네가 목이 마른 이유는 그 때문이라고."

"쳇, 잘난 척은!"

진하는 물을 마시고 방으로 들어갔어요. 물을 많이 마셔서인지 두 번이나 깨서 화장실에 갔어요.

"진하야, 일어나! 얼른 씻어. 엄마 나갈 때 같이 나가자."

다음 날 아침, 진하는 엄마의 목소리에 부스스 일어났어요.

진하는 눈을 반쯤 감은 채 화장실로 터덜터덜 걸어갔어요. 칫솔에 치약을 짜고, 겨우 눈을 떠 거울을 보았어요.

"으악!"

진하는 거울에 비친 모습을 보고 깜짝 놀라 비명을 질렀어요. 눈이 팅팅 부어서 제대로 떠지지 않았고, 얼굴은 보름달처럼 빵빵했어요. 게다가 칫솔을 든 손가락도 통통 부어 있었어요. 진하의 비명에 놀란 엄마가 달려왔어요.

"왜 그래? 무슨 일이야?"

"엄마 내 얼굴 좀 봐. 이 얼굴로 어떻게 증명사진 찍어?"

그제야 엄마도 거울에 비친 자기 모습을 확인했어요. 엄마도 깜짝 놀라기는 마찬가지였어요.

"내 얼굴도 말이 아니네……. 어제 야식 먹어서 그런가 봐."

거울에는 달덩이 두 개가 곧 터질 듯 빵빵한 상태로 떠 있었어요.

일제 강점기에도 먹었던 배달 음식

우리나라에서 음식 배달이 본격적으로 이루어진 건 일제 강점기 때예요. 서울에 정육점이 생기기 시작하면서 소고기를 팔고 남은 부산물을 이용해 만든 설렁탕집이 곳곳에 들어섰지요. 당시에는 계급 차별이 남아 있어 돈이 많고, 계급이 높은 사람들은 서민들이 이용하는 식당에서 식사하기를 꺼렸대요. 대신 설렁탕을 배달해 집에서 먹었어요.

설렁탕은 주로 자전거로 배달했어요. 독립운동가 서재필이 1895년 미국에서 돌아오며 자전거를 가지고 왔대요. 이후 자전거가 보편화하면서 자전거를 이용해 빠르게 배달할 수 있었어요. 수십 그릇의 음식이 올라간 목판을 한 손에 들고 마치 곡예를 벌이듯 자전거를 타는 배달원 그림이 신문에 실리기도 했어요.

전화의 보급도 배달 음식 발전에 한몫했어요. 각 관청에 전화가 설치되자 전화로 음식을 주문하는 사람이 늘었죠. 1936년 〈매일신보〉에는 "점심시간이면 관청의 음식 주문 전화로 냉면집 전화통에서 불이 날 지경"이라는 기사가 실릴 정도였어요. 더운 여름에는 시원한 냉면이, 찬바람이 부는 겨울에는 뜨끈한 설렁탕이 인기 배달 음식이었어요.

철가방은 짜장면을 싣고

1960~1970년대 배달 음식 1위는 단연코 짜장면이었어요. 짜장면은 중국 산둥반도 지역의 가정식이던 '짜장몐'을 중국 산둥성 출신들이 인천으로

이주하며 한국인 입맛에 맞게 만든 거예요. 이후 짜장면은 대한민국 서민들의 대표적 외식 메뉴로 자리 잡았어요. 1960년대에는 '신속 배달'이란 수식어와 함께 '철가방'을 사용했어요. 철가방은 가방처럼 생긴 배달 상자예요. 철가방의 등장은 음식 배달의 혁명이나 마찬가지였어요. 엘리베이터도 없고, 비닐 랩도 흔치 않던 시절에 무거운 나무 상자에 음식을 담아 배달하다 보면 내용물이 잘 쏟아졌어요. 그러나 알루미늄 철가방은 가벼워서 음식을 담아 움직이기 훨씬 수월했어요. 철가방은 단순한 배달 용품이 아닌 하나의 문화로 자리 잡았어요. 2009년, 문화체육관광부는 한국의 대표적인 생활 디자인 52가지 중 하나로 철가방을 선정했어요.

스마트폰과 배달 앱의 등장

한국의 배달 음식은 스마트폰의 등장과 배달 앱 개발로 날개를 달았어요. 예전에는 소비자가 음식점에 전화를 걸어 배달을 시켰어요. 음식점은 배달원을 고용해서 배달했지요. 배달되는 음식 종류는 짜장면, 치킨, 피자 등 한정적이었고요.

2010년 IT 기업에서 일하던 한 사람이 정보 기술을 활용해 여러 곳에

흩어져 있던 음식점 정보를 한곳에 모아 놓은 앱 '배달의 민족'을 개발했어요. 이제 음식점에서 배달원을 직접 고용하지 않아도 앱에서 음식점과 개인 배달원이 연결돼요. 현재는 다양한 배달 앱이 생겼어요.

이제는 음식점 전화번호를 몰라도, 먹고 싶은 음식이 떠오르지 않아도 배달 앱을 열면 주문할 수 있어요. 치킨, 중식, 돈가스, 피자, 디저트 등을 종류별로 구분해 놓았고, 새로 오픈한 음식점, 실시간 인기 음식, 할인 중인 음식도 알려 줘요. 메뉴 사진, 사용 후기, 평점도 확인할 수 있지요.

우리나라 배달 음식 시장은 코로나19를 겪으면서 무려 10배나 성장했어요. 사회적 거리 두기, 재택근무, 온라인 수업 등으로 배달 음식을 이용하는 사람들이 급격하게 늘어났기 때문이에요.

'식품 사막' 문제를 해결하는 음식 배달 드론

최근 일상에서 드론을 이용해 음식을 배달하려는 준비가 한창이에요. 꼭 필요한 기술은 준비가 됐고, 안전이나 소음 등의 문제를 보강하는 과정에 있어요. 소비자가 배달 앱으로 주문하면, 음식점에서는 포장한 음식을 드론에 매달아 보내요. 현재 일부 공원이나 야영장에서 이용할 수 있어요. 부산항에서는 낚시하는 사람들과 항해하는 선박을 대상으로 드론 음식 배달 서비스를 제공해요.

드론 배달이 본격화하면 외딴 지역 사람들의 불편함이 줄어들 거예요. 신선한 식료품을 판매하는 가게가 너무 멀어 구매하기 어려운 지역을 '식품 사막'이라고 해요. 도시에서는 쉽게 편의점과 슈퍼마켓, 마트에 갈 수 있고, 새벽에도 배송이 되지요. 그러나 인구가 적은 농어촌 지역은 그렇지 않아요. 2020년 기준으로 전국 행정 구역 '리(里)'의 73.5퍼센트에는 식료품 소매점이 하나도 없어요. 이 중에는 차를 타고 한 시간 이상을 가야만 우유나 달걀을 살 수 있는 리도 섬을 제외하고 14곳이나 있어요.

식품 사막은 농어촌 지역, 저소득층 밀집 지역, 고령자 밀집 지역, 교통 접근성이 낮은 지역에서 주로 나타나요. 식품 사막을 개선하지 않으면 지역 차별과 지역 인구 소멸로 이어질 수 있어요.

인천시는 인천항에서 배를 타고 1시간 50분이 걸리는 옹진군 소야도 주민들에게 시범적으로 드론 배송 서비스를 하고 있어요. 하나로마트가 있는 덕적도에서 드론으로 음식을 보내면 3킬로미터 떨어진 소야도 경로당까지 8분 만에 도착해요. 섬마을 주민들도 고기, 우유, 과일 같은 신선식품을 당일에 배송받을 수 있어요. 시범 사업 반응이 좋으면 10킬로미터 이상 떨어진 섬들에 드론 배달 서비스를 시작할 계획이래요. 기술의 발전이 누구든 신선한 식품을 먹고 건강하게 생활하는 세상을 열고 있어요.

열량은 높지만, 영양분은 부족한 배달 음식

우리나라 배달 음식 중에서 인기 순위 1위 메뉴는 치킨이에요. 다음은 닭강정, 찜닭, 보쌈, 족발, 삼겹살, 곱창 등의 육류와 중화요리, 피자 등이지요. 이런 배달 음식은 짜고, 달고, 기름지다는 공통점이 있어요. 배달 음식을 시킬 때 건강을 따지는 사람은 많지 않아요. '맛있는 음식을 집에서 간편하게 먹고 싶어서' 배달을 시키니까요.

   배달 음식은 가공된 재료를 많이 사용해요. 식품은 가공을 거치면서 비타민과 무기질 같은 영양소가 파괴돼요. 비타민과 무기질은 지방, 탄수화물, 단백질 같은 영양소를 에너지로 바꾸도록 도와줘요. 비타민과 무기질이 부족하면 섭취한 영양분이 에너지로 제대로 쓰이지 못하고 몸에 지방으로 쌓여요.

   배달 음식은 칼로리, 나트륨, 당류, 포화 지방, 단백질 등의 영양 성분이 표기되지 않아요. 과자, 라면 등 같은 가공식품은 법에 따라 영양 성분을 반드시 공개해야 해요. 하지만 배달 음식처럼 조리된 음식은 만드는 과정에서 영양 성분이 달라져서 의무적으로 표시하지 않아도 돼요.

영양 정보를 확인하는 건 아주 중요해요. 식품을 구매할 때 영양 정보를 확인한 그룹보다 확인하지 않은 그룹이 대사증후군에 걸릴 확률이 1.9배 높았다는 연구 결과도 있어요. 배달 음식에는 영양 정보가 없으니 몇 칼로리를 섭취하는지, 어떤 식품 첨가물이 들어갔는지 알기 어려워요. 그래서 권장 칼로리를 넘기기 쉽고 영향의 균형을 맞추기도 어렵지요.

너무 많아도, 너무 적어도 문제인 나트륨

아무리 재료가 좋고, 요리 솜씨가 뛰어나도 음식이 너무 싱겁거나 짜면 맛이 없어요. 음식의 기본은 '간 맞추기'예요. 음식은 주로 소금으로 간을 맞춰요. 소금은 나트륨(Na, 40퍼센트)과 염소(Cl, 60퍼센트)로 이루어져 '염화나트륨'이라고 불러요.

소금 속 나트륨은 우리 몸속에서 수분과 전해질 균형에 관여하고 세포의 삼투압을 유지해요. 근육에 신경 자극 물질을 전달하여 근육이 움직이는 걸 도와주지요. 나트륨이 없으면 신경 전달이 이루어지지 않아 몸의 근육이나 기관이 움직이지 않아요. 우리 몸속에는 체중의 0.1~0.2퍼센트 정도의 나트륨이 있어요. 체중이 70킬로그램인 사람의 몸에 약 70~140그램의 나트륨이 있는 거예요. 매우 적은 양이지만 엄청나게 중요한 역할을 하죠.

월급을 뜻하는 영어 'Salary'는 소금(Salt)을 뜻하는 라틴어 'Sal'에서 왔어요. 고대 로마 병사들은 소금으로 월급을 받았대요. 프랑스 대혁명이 일어난 이유 중 하나가 과도한 소금세였어요. 국가 재정이 어려웠던 프랑스 왕실은 귀족들에게는 소금세를 면제해 주고, 평민들에게는 비율을 높여서 걷었어요. 귀족보다 비싼 가격에 소금을 사야 했던 평민들은 불만이 폭발할 수밖에 없었죠.

요즘은 이렇게 귀한 소금을 너무 많이 섭취해서 문제예요. 세계보건기구(WHO)에서 권장하는 하루 최대 나트륨 섭취량은 2천 밀리그램으로, 소금으로 계산하면 5그램 정도예요. 국이나 찌개를 자주 먹는 한국인의 하루 평균 나트륨 섭취량은 세계보건기구 권장량의 1.5배에 달해요. 특히 가정에서 배달 음식으로 섭취하는 나트륨이 증가하는 추세예요. 배달 음식은 자극적인 맛을 내기 위해서 소금을 많이 사용하거든요.

배달 음식을 먹을 때는 의식적으로 나트륨 섭취를 줄이려는 노력이 필요해요. 찌개 국물이나 국을 먹지 않는다거나, 젓갈이나 장아찌처럼 짠맛이 강한 반찬을 조금씩 먹으면 도움이 돼요. 주문할 때 소스나 양념을 따로 요청해 필요한 만큼 넣어 먹는 것도 나트륨 섭취를 줄이는 방법이에요.

혀끝을 자극하는 감칠맛의 비밀

일본의 화학자이자 도쿄대 교수였던 이케다 키쿠나에는 가다랑어와 다시마 육수에서 단맛, 신맛, 짠맛, 쓴맛과 다른 특유의 맛이 난다는 걸 알아냈어요. 그는 이 맛을 '우마미'라고 이름 지었지요. 우리말로는 감칠맛이라고 해요. 이케다 교수는 다시마에서 글루타메이트를 추출하여 소금과 결합한 뒤, 글루탐산 나트륨으로 만들었어요. 1908년에 세상에 나온 이 가루를 L-글루탐산나트륨(monosodium L-glutamate) 일명 MSG라고 불러요.

이듬해 MSG를 주성분으로 하는 조미료 아지노모토가 시장에 나왔어요. 아지노모토는 일본에서 엄청난 성공을 거두었어요. 감칠맛을 내기 위해 다시마와 가다랑어포를 오랜 시간 우리지 않아도 아지노모토를 한 스푼 넣으면 편리하게 대체할 수 있었지요. 일본의 아지노모토를 참고해 한국에서 개발한 조미료가 미원이에요. MSG는 현재까지도 한국은 물론, 세계 여러 나라의 음식에 감칠맛을 내는 역할을 톡톡히 하고 있어요.

1968년, 미국에서 MSG가 몸에 해롭다는 의견이 나왔어요. 한 의사가 MSG가 많이 들어간 중국 음식을 먹고 목, 등, 팔이 저리고 마비되는 증세를 느꼈고 갑자기 심장이 뛰고 노곤해졌다고 주장했어요. 이후 많은 연구가 있었는데, 이 증상은 MSG와 관련이 없다고 결론을 내렸어요. 일부 사람들에게 나타나는 증후군일 뿐, 질병이라고 보기 어렵다는 거죠.

미국 식품의약청(FDA)는 현재 조미료로 사용하는 MSG 양은 인체에 해를 준다는 근거가 없다고 발표했어요. 일본, 유럽, 미국 등은 MSG를 안전한 조미료로 인정하고 있어요. 미국, 캐나다, 싱가포르에선 'MSG 무첨가' 표시가 소비자에게 오해를 불러일으킬 수 있다고 표기를 금지했지요.

다만 MSG에는 나트륨이 들어 있고 식욕을 북돋아 과식의 원인이 될 수 있으므로 배달 음식을 주문할 때는 MSG 섭취를 줄이는 지혜가 필요해요.

우리나라 최초의 배달 음식, 냉면

조선 시대 실학자 이재 황윤석은 〈이재난고〉라는 일기 형식의 글을 남겼어요. 그는 1768년 7월 7일 일기에 "과거를 본 다음 날 점심에 냉면을 시켜 먹었다"라고 썼어요. 이 기록을 통해 우리나라 최초의 배달 음식이 냉면이라는 걸 알 수 있지요. 1800년, 당시 임금이던 순조가 밤에 냉면을 사 오라고 시켰다는 기록도 있어요. 다만 이때 기록이 배달인지, 포장 주문인지는 의견이 갈려요.

20세기 초, 왕이나 양반이 먹던 냉면을 일반인도 먹을 수 있게 되었어요. 1909년, 조선 왕실의 궁중음식 책임자였던 안순환은 서울시 종로구에 '명월관'이라는 궁중 요리 음식점을 차리고 배와 동치미로 국물을 낸 냉면을 팔았어요. 고종이 즐겨 먹던 음식이라고 알려지면서 큰 인기를 끌었죠.

1920년대에는 냉면을 찾는 사람이 크게 늘었어요. 냉면 전문 배달원인 '중머리'라는 직업이 생길 정도였지요. 규모가 큰 냉면집은 중머리만 15명을 두었고, 기술이 좋은 배달원은 한 번에 80그릇까지 배달했어요.

일제강점기 시절 '사정옥'의 냉면 배달부

먹는 방송

먹방이 세상에서 제일 좋아!

토요일 오전, 진하는 침대에 엎드려 이어폰을 끼고 스마트폰으로 먹방을 보고 있었어요.

"쩝쩝."

진하는 입맛을 다셨어요. 먹방 유튜버 쭈왕이 마라탕을 먹는 모습에 침이 절로 고였거든요.

"구독자 여러분! 마라탕의 '마'는 마취한 듯한 얼얼함을, '라'는 매운맛을 의미합니다. 혀가 마비된 듯 얼얼하고 매운맛이란 뜻이죠. 제 혀도 얼얼하네요. 저는 가장 매운 5단계로 주문했습니다."

쭈왕은 매워하면서도 계속 말했어요.

"마라탕은 고추와 다르게 저릿저릿하고 얼얼한 느낌을 줘요. 그래서 다른 매운 음식은 못 먹어도 마라탕은 잘 먹는 사람이 있대요."

진하는 다시 침을 꿀꺽 삼켰어요. 진하가 즐겨보는 먹방 유튜버 쭈왕은 구독자가 천만 명이 넘어요. 쭈왕은 오늘 마라탕 10인분을 먹었어요. 중국식 국물 요리를 먹었으니 한국식 찌개도 먹어야 한다며 바로 부대찌개 5인분도 먹었지요. 라면 사리를 4개나 넣어서요. 심지어 부족하다고 치킨 6마리, 피자 3판을 주문했어요. 진하는 쭈왕의 먹방에 실시간으로 달리는 댓글들을 읽어 보았어요.

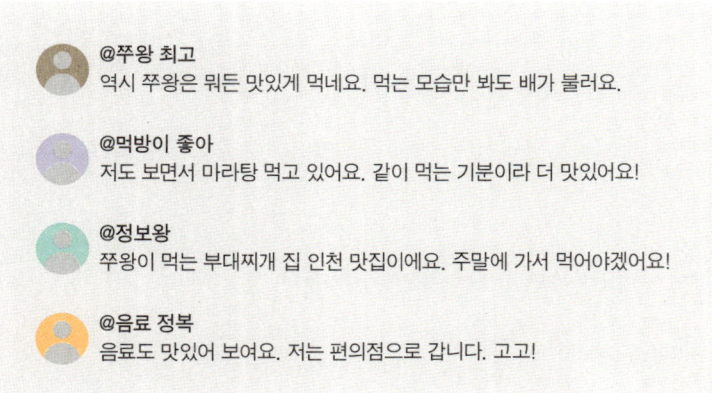

진하는 쭈왕의 먹방을 보면서 엄마가 한 말이 생각났어요. 아침 일찍 아빠랑 외출하면서 점심은 윤하랑 배달 음식을 시켜 먹으라고 했거든요.

'먹방을 보니 배가 고프네. 나도 마라탕 먹을까?'

진하는 배달 앱을 열고 마라탕을 검색했어요. 엄마가 있었으면 어린이가 먹기에 너무 자극적이라며 반대했을 거예요. 오늘은 엄마가 없으니, 마라탕을 먹기 좋은 기회예요. 진하는 윤하와 같이 먹을 생각으로 마라탕 2인분을 장바구니에 담았어요. 그리고 맵기는 1단계를 선택했어요. 쭈왕처럼 5단계를 먹을 자신은 없었거든요.

'쭈왕이 먹는 걸 보니 나도 2인분은 먹을 수 있을 것 같아. 게다가 1단계잖아!'

윤하가 안 먹는다고 해도 다 먹을 수 있을 것 같았어요.

엄마 카드와 연계해 놓은 '멜론 페이'로 결제를 누르려는 순간, 갑자기 방문이 벌컥 열리면서 윤하가 들어왔어요. 깜짝 놀란 진하는 급하게 결제 버튼을 눌렀지요.

"야! 너 내가 부르는 소리 안 들려?"

"나 불렀어?"

진하가 이어폰을 빼고 윤하를 쳐다보았어요. 이어폰을 끼고 있어서 윤하가 부르는 소리를 전혀 듣지 못했거든요.

"뭘 보는데 그렇게 좋아해?"

윤하는 말을 다 끝맺기도 전에 갑자기 침대로 달려들어 진하가 들고 있던 스마트폰을 빼앗아 갔어요.

"아, 왜 그래? 나 유튜브 보고 있었어!"

윤하가 화면을 보더니 말했어요.

"너도 쭈왕 구독자야?"

"요즘 초등학생 중에 쭈왕 먹방 안 보는 애들 거의 없을걸? 쭈왕 구독자가 천만 명이 넘어."

"이런 먹방 보는 거 안 좋아. 음식을 많이 먹는 게 폭력적이라는 이야기도 있다고."

진하는 침대에서 벌떡 일어나 앉았어요. 윤하가 쭈왕에 대해 안 좋게 말하는 게 싫었거든요.

"쭈왕이 음식 많이 먹는 게 왜 폭력적이야? 대리 만족도 되고 같이 먹는 기분도 들어. 게다가 음식에 대한 설명까지 잘 해 주니까 지식도 쌓을 수 있어."

"먹방은 대부분 자극적인 음식을 먹어. 게다가 보통 사람보다 훨씬 많이 먹지. 쭈왕도 마찬가지고. 시청자들은 그 모습을 보면서 신기함과 동시에 대리 만족을 느껴."

진하는 갑자기 말문이 막혔어요. 윤하 말이 맞는 것 같기도 했어요. 쭈왕이 많이 먹는 모습을 보면 신기하면서도, 묘하게 직접 먹는 것처럼 느껴졌거든요. 그래도 먹방이 나쁘다는 의견에는 완벽하게 동의할 수 없었어요.

"언니는 조리 고등학교 다니면서 먹방에 대해 너무 부정적인 거 아냐? 어떤 구독자는 암 치료 때문에 음식을 마음대로 먹을 수 없는데 쭈왕이 먹는 모습을 보면서 위로받는다고 했어."

그 말을 들은 윤하는 고개를 끄덕였어요.

"맞아, 그런 좋은 점도 있어. 그래도 어린이들이 저렇게 많이 먹는 모습을 보는 건 좋지 않다고 생각해. 아직 식습관이 잡히지 않은 아이들은 먹방을 보면서 먹방 유튜버의 식습관을 자연스럽게 따라 하게 돼. 그러면 비만으로 이어지기 쉽다고."

"먹방을 즐겁게 보면 되지, 그렇게 따질 필요가 있어? 언니는 나한테만 뭐라고 해. 스마트폰이나 이리 줘."

윤하는 그제야 손에 들고 있던 스마트폰을 진하에게 내밀었어요.

"너 내 에코백 어디에 두었어? 어제 네가 가지고 갔잖아."

윤하의 물음에 진하는 당황했어요. 갑자기 물어보니 생각이 안 났거든요. 책가방 옆을 보았으나 없었어요. 옷장에도 없었지요. 진하는 윤하의 에코백이 어디 있는지 곰곰이 생각해 보았어요.

그때 현관에서 초인종이 울리더니 배달원의 목소리가 들렸어요.

"배달 왔습니다."

진하는 속으로 다행이라고 생각했어요.

"너, 나한테 말도 안 하고 배달 음식 시켰어?"

"응!"

진하는 윤하를 뒤로 하고 현관 쪽으로 뛰어나가 문을 열었어요.

"세상에…… 이게 다 뭐야?"

현관문에는 봉투 세 개가 놓여 있었어요. 깜짝 놀란 진하는 가만히 봉투만 바라봤어요. 뒤따라 나온 윤하도 앞에 놓인 배달 음식 봉투를 보더니 깜짝 놀라서 말을 잇지 못했어요.

"나는 분명 마라탕 2인분 시켰는데 뭐가 이렇게 많이 왔지?"

진하는 혼잣말을 중얼거렸어요.

윤하가 커다란 봉투에 든 음식을 들고 와 식탁 위에 놓았어요.

"너, 주문 내역 열어 봐."

진하는 배달 앱을 열고 주문 내역을 확인했어요. '마라탕 맵기 1단계 6인분, 결제 금액 9만 원'이라고 쓰여 있었어요. 깜짝 놀란 진하가 소리쳤어요.

"6인분? 나는 분명 2인분 시켰는데!"

급하게 주문하다 실수했나 봐요. 윤하가 진하의 스마트폰을 빼앗아 주문을 확인하더니 진하를 쳐다보며 말했어요.

"6인분이나 주문했잖아. 너도 쭈왕처럼 먹방 찍으려고?"

진하는 대꾸할 말을 찾지 못했어요.

영국 옥스퍼드 사전에 올라간 한국의 '먹방'

먹방은 '먹는 방송'의 줄임말로, 외국에서도 우리말 발음을 그대로 표기한 'Mukbang'으로 불러요. 영국의 옥스퍼드 영어 사전에도 'Mukbang'으로 올라가 있지요.

먹방은 인터넷 방송 사이트에서 시작된 말이에요. 이런 방송이 유행하기 시작하면서 배우들의 먹는 장면부터 예능 속 먹는 모습까지 주목을 받았어요. 그리고 유튜브 등 동영상 사이트를 중심으로 자리 잡았지요. 지금은 성인은 물론 어린이와 청소년까지 즐겨 보며 인기를 끌고 있어요.

먹방은 맛 표현이 중요해요. 그래서 유튜버는 계속 맛을 표현하고, 맛있다는 표정을 짓고 감탄사를 뱉지요. 음식의 식감이 느껴지도록 씹는 소리,

삼키는 소리를 집중적으로 들려주기도 해요. 음식을 빨리, 많이 먹는 '챌린지형', 맛을 평가하는 '토크형', 비주얼과 소리에 집중하는 'ASMR형' 등 종류도 다양해요. 한 조사에 따르면 유튜버 종합 인기 순위에서 상위 100명 중 19명이 먹방 유튜버였어요.

먹방에 소개된 음식들은 매출이 폭발적으로 증가해요. 먹방 유튜버가 맛있게 먹는 모습을 보며 시청자들도 먹어 보고 싶어져서 실제 구매로 이어져요. 식품 회사들은 매출을 올리기 위해 먹방을 활용한 마케팅에 열을 올리지요.

남이 먹는 모습을 보는 게 재미있다고?

먹방이 인기를 끄는 이유는 1인 가구 증가와 혼자 밥 먹는 사람들이 늘어난 사회적 변화와 관련이 있어요. 밥 먹는 시간에 보는 콘텐츠를 '밥친구'라고 불러요. '혼밥'하는 사람들이 늘며 생긴 신조어지요. 먹방 시청자들의 상당수는 먹방을 '밥친구'로 선택해 더 맛있게 식사를 즐기죠.

먹방이 인기를 끄는 또 하나의 원인은 '대리 만족'이에요. 먹방을 보면 직접 먹지 않아도 먹은 것 같은 착각이 들어요. 식단 조절을 하는 사람들은 먹을 수 있는 음식이 정해져 있어요. 또 건강을 이유로 야식을 먹지 않는 사람들도 많지요. 이럴 때 남이 먹는 모습을 보면 잠시나마 배고픔을 잊을 수 있어요. 항암 치료 등의 이유로 먹을 수 있는 음식이 제한된 환자들은 먹방을 보면서 위로받기도 해요.

심리 전문가들은 "다이어트에 대한 사회적 강박이 커지면서 일상생활 속 스트레스를 풀고 만족감을 찾기 위해 먹방을 보는 사람들이 늘고 있다"라고 분석해요.

먹방, 왜 문제일까?

먹방에서 다루는 음식은 주로 배달이 가능한 패스트푸드 계열의 음식이에요. 치킨, 햄버거, 피자, 족발 같은 고열량, 고지방 음식이지요. 한 요리 방송 PD는 "먹방을 계속 보게 만드는 비결은 기름지거나, 달콤하거나, 열량이 높은 요리를 자주 보여 주는 것"이라고 털어놓았어요.

질병관리청의 조사에 따르면 2011년, 우리나라 청소년의 비만율은 남학생 6.8퍼센트, 여학생 4.2퍼센트였어요. 2021년 조사에서 남학생 비만율은 2.6배 늘어난 17.5퍼센트, 여학생 비만율은 2.2배 늘어난 9.1퍼센트였어요. 또 먹방을 본 남학생이 보지 않은 남학생보다 22퍼센트나 비만율이 높다고 밝혔어요. 신기하게 여학생은 0.9퍼센트로 큰 차이를 보이지 않았대요. 전문가들은 먹방을 시청한 학생들이 식습관에 영향받을 일이 많다고 말했어요.

먹방에서는 고칼로리 음식을 많이 먹는 장면이 자주 등장해요. 방송을 보는 사람들은 음식을 먹고 싶은 욕구가 증가해요. 딱히 배가 고프지 않아도 먹을 것을 찾고, 먹방에서 본 것처럼 음식을 과도하게 먹어요. 먹방에 익숙해지면 고칼로리 음식을 먹는 데 거부감이 사라져요. 그럼 식습관에 나쁜 영향을 주고 비만과 각종 질병을 유발할 수 있어요.

특히나 어린이는 아이돌, 유튜버처럼 좋아하는 대상의 언어와 행동을 따라 하는 경향이 있어요. 먹방 유튜버의 식습관과 행동을 자신도 모르게 따라 하면서 빨리 먹기, 많이 먹기, 야식 먹기, 자극적인 음식 먹기 등으로 이어질 가능성이 커요. 게다가 먹방을 보느라 운동이나 친구들과 뛰어노는 시간이 줄어들면서 비만이 될 확률은 더욱 높아진답니다.

먹방을 금지한 세계 여러 나라

필리핀에서는 47만 명의 구독자를 지닌 먹방 유튜버가 갑자기 심장마비로 사망하는 사건이 있었어요. 30대의 젊은 유튜버는 전날까지 엄청난 양의 밥과 치킨 먹는 영상을 올렸어요. 이 사건을 계기로 필리핀 보건 장관은 "필리핀 내에서 먹방 관련 콘텐츠 제작과 유통 금지를 고려하고 있다"라고 밝혔어요. "먹방 유튜버들이 국민에게 건강하지 않은 행동을 알리고 있어 먹방 금지 정책을 추진할 계획"이라고 설명했지요.

중국은 2020년부터 먹방을 금지했어요. 현재 중국 인구는 15억 명에 달해요. 기후 변화와 자연재해로 식량이 부족해지면 중국은 큰 타격을 입어요. 중국 정부는 코로나19 상황에서 식량 위기에 대해 경각심을 가져야 한다며 음식을 낭비하고 지나치게 많이 먹는 방송을 금지했어요. 먹방을 올리면 '음식을 아끼자' '음식을 낭비하지 말자' 같은 경고문이 떠요.

이런 방식이 너무 강압적이고 일상의 즐거움을 빼앗는다는 지적도 있어요. 미국 뉴욕에서는 어린이들이 유튜브에 머무는 시간을 줄이기 위해 맞춤 추천을 제한하는 법안을 추진 중이에요. 먹방처럼 자극적인 콘텐츠를 보는 시간을 줄이려는 목적이죠. 10대의 40퍼센트가 매주 1~6회 먹방을 보는 대한민국에서도 한 번쯤 생각해 봐야 할 문제일지도 몰라요.

마라탕에 빠진 어린이

요즘 동영상 사이트에는 '9살, 인생 첫 마라탕 도전' '마라탕에 중독되고 말았다' '마라탕 좋아하는 초딩의 브이로그' 등 초등학생이 마라탕 먹는 동영상을 쉽게 찾을 수 있어요. 한 배달 전문 앱에서 발표한 자료를 보면 2021년, 10대들이 가장 많이 주문한 메뉴 1위가 마라탕이었어요.

마라탕은 중국 쓰촨 지역에서 유래한 요리예요. 중국 향신료 화자오가 들어가 혀가 얼얼하게 마비되는 느낌을 주지요. 기름에 고추, 산초, 초피, 팔각, 정향 등 향신료를 넣어 육수를 낸 뒤, 청경채 같은 채소, 고기, 버섯, 어묵, 해산물, 두부 등을 넣고 끓여 먹는 중국 대표 요리예요. 마라의 '마(麻)'는 마취에 쓰는 한자와 같아요. 얼얼하고 저린 매운맛이라는 뜻이죠.

마라탕은 맵고 자극적이고 매우 기름진 음식이에요. 마라 소스의 약 50퍼센트가 식용유예요. 사골 육수도 지방 함량이 10퍼센트 이상이고요. 햄, 소시지, 고기, 당면, 옥수수면, 떡, 수제비, 유부, 어묵 등 고열량 재료가 들어간 마라탕 1인분은 1천 500~2천 칼로리로, 성인 하루 영양 권장량과 비슷한 열량이에요.

　성장기 어린이는 장기가 아직 성숙하지 않았어요. 어린이들이 마라탕처럼 자극적인 음식을 자주 먹으면 내장 기관에 문제가 생길 수 있지요. 화자오, 정향, 육두구 같은 강렬한 향신료는 소화 기관을 자극해 설사나 위염 등의 질환을 일으키기도 해요.

　하지만 마라탕 먹는 즐거움을 포기하기는 쉽지 않아요. 그렇다면 마라탕 먹는 방법을 조금 바꿔 보는 건 어때요? 일주일에 한 번씩 먹던 횟수를 2주에 한 번, 한 달에 한 번으로 줄여 봐요. 숟가락은 사용하지 않고 젓가락으로 건더기만 먹는 방법도 있어요. 국물을 먹지 않으면 자극적인 성분을 조금은 적게 먹을 수 있어요. 또 채소를 많이 넣는 것도 방법이에요. 청경채나 시금치 같은 녹색 채소는 나트륨 배출을 돕지요. 빈속일 때 먹지 않고 너무 맵지 않게 먹어요. 먹은 뒤 매운맛을 중화시키고 소화 기관에 자극이 덜 가도록 따뜻한 차를 마시면 도움이 돼요.

먹방 유튜버가 날씬한 이유

한 방송에서 여성 먹방 유튜버가 햄버거 세트, 갈비찜, 돈코츠 라멘, 마제 소바, 규동 등을 쉬지 않고 먹었어요. 식사 후에는 초콜릿, 젤리 등 간식거리를 먹었고요. 저녁에는 미역국에 밥을 말아 먹고, 곱창구이, 피자 두 판, 치킨, 떡볶이를 먹었어요. 카페에 들러 디저트도 먹었고요. 이 먹방 유튜버가 24시간 동안 먹은 음식은 총 2만 9천 490칼로리였어요. 대한민국 성인의 하루 영양 권장량은 남성 2천 700칼로리, 여성 2천 칼로리 정도예요. 이 유튜버는 권장량의 10배가 넘는 양을 한 끼에 먹었어요. 이렇게 먹고도 몸무게는 47~50킬로그램을 유지한다고 해요.

먹방 유튜버들이 음식을 많이 먹을 수 있는 이유는 유전적 영향이 가장 커요. 일반인보다 기초 대사량이 높아 음식을 먹어도 인체에 흡수되지 않고 바로 몸 밖으로 배출하는 체질인 거죠. 기초 대사량은 아무것도 안 해도 소비되는 칼로리를 말해요. 성인의 위는 종이컵 반 정도의 크기예요. 음식을 계속 먹으면 위는 2리터 생수병 크기까지 늘어나요. 위는 원래 크기의 최대 50배까지 늘다, 줄었다 할 수 있는 탄력성을 지녔어요. 먹방 유튜버들은 위가 잘 늘어나는 경우가 많아요.

또 먹방 유튜버들은 방송에서 많이 먹기 위해 촬영이 없을 때는 엄격하게 식단을 관리하는 경우도 있어요. 저열량 식단을 유지하고 때로는 간헐적으로 단식도 해요. 열량 소모를 위해 운동도 꾸준히 하지요. 운동으로 근육량을 키우면 기초 대사량이 높아져 음식물 섭취에 도움이 되거든요. 한 먹방 유튜버는 "몸매 관리를 위해 방송이 없는 날은 하루에 10시간 정도 운동한다"라고 밝히기도 했어요.

먹방 유튜버들은 타고난 체질에 엄격한 식단 관리, 철저한 운동이 뒷받침되기 때문에 그 일을 계속할 수 있는 거예요. 그러니 일반인이 무분별하게 따라 하지 말고, 일상의 작은 재미로 먹방을 즐기는 정도가 적당해요.

한국 전쟁의 상처가 담긴 부대찌개

스팸을 만든 미국 호멜 식품은 육류 가공업체였어요. 돼지고기로 햄을 만들고 나면 남는 어깨 부위의 살을 갈아 소금과 전분 등을 첨가해 통조림 햄 스팸을 만들었어요. 스팸은 제2차 세계 대전을 계기로 전 세계로 퍼져 나갔어요. 전쟁으로 신선한 고기를 공급받기 힘든 상황에서 병사들의 식단으로 자리 잡으면서 괌, 하와이, 오키나와, 필리핀을 넘어 전 세계 음식 문화에 영향을 주었어요.

6.25 전쟁 직후였던 1950년대, 한국 사람은 시든 배추 잎사귀나 상한 채소들을 구해 끓여 먹는 일이 일상이었어요. 당시 한국에 주둔하던 미군들이 먹다 남은 스팸, 소시지, 베이컨 등이 부대 밖으로 나왔어요. 여기에 김치와 고추장, 마늘 등 한국식 양념과 재료를 넣고 끓인 음식이 '부대찌개'예요.

초기 부대찌개는 볶음에 더 가까웠대요. 그러다 강낭콩을 설탕과 토마토 소스에 재운 베이키드 빈스를 넣어 달콤한 맛을 더하고, 콩나물을 넣어 시원한 맛을 냈어요. 또 라면이 흔해지면서 '라면 사리'를 추가했어요. 요즘은 버섯, 대파, 떡, 치즈, 당면, 두부 등 다양한 재료를 더해 부대찌개를 끓여요.

부대찌개는 미군 부대와 가까웠던 의정부, 송탄 등에서 유명해요. 비록 슬픈 역사 속에서 태어났지만, 그런 역사를 잊게 할 정도로 맛이 좋아 눈부신 경제 발전을 이룬 지금까지도 사랑받고 있어요.

좀, 많이, 달콤한 주스 가게

"엄마, 나 오늘 치과 검진 날이라고 치과에서 메시지 왔어."

진하는 출근 준비를 하는 엄마에게 치과에서 온 메시지를 보여 주며 말했어요.

"맞다! 예약해 놓은 걸 깜빡했어. 엄마가 같이 못 가는데 어쩌지? 윤하가 오늘 시험 끝나서 일찍 오니까 오후에 같이 가면 어때?"

"언니랑?"

그때 윤하가 샤워하고 나왔어요.

"윤하야, 오늘 네가 진하 데리고 치과 정기 검진 좀 다녀와."

"내가? 나도 치과 가는 건 무서운데……."

"무섭긴 뭐가 무서워? 매번 가던 곳이라 의사 선생님도 잘 아는데. 학교 끝나고 잠깐 다녀와. 엄마가 카드 줄 테니까 그걸로 치료비 결제하고."

윤하는 엄마에게 용돈을 받고 진하랑 치과에 가기로 약속했어요.

학교 끝나고 진하는 윤하 손에 이끌려 치과로 갔어요. 치과에 도착하자 덜컥 겁이 났어요. 의사 선생님이 진하의 이를 들여다보시더니 심각한 얼굴로 말했어요.

"진하, 단 음식 많이 먹니?"

"네?"

진하는 아니라고 대답할 수 없었어요. 식사를 하고 나서 달콤한 쿠키나 케이크를 후식으로 먹어야 제대로 먹었다는 느낌이 들거든요. 때로는 달달한 음료를 마실 때도 있고요.

"어금니 두 개에 충치가 생겼어. 충치의 가장 큰 원인은 설탕이 많이 들어간 음식을 먹고 제대로 이를 닦지 않는 거란다."

진하는 설탕을 많이 먹는다고 생각한 적이 없었어요. 억울한 마음이 든 진하는 작은 목소리로 변명했어요.

"설탕 별로 안 먹었어요."

"우리는 잘 모르지만 빵, 과자, 케이크, 음료수 등에 설탕이 들어 있어. 케첩이나 고추장 같은 소스는 물론이고, 떡볶이 1인분에도 각설탕 12개 만큼의 설탕이 들어 있단다."

진하는 할 말이 없었어요. 의사 선생님이 말씀하신 것 모두 진하가 좋아하는 음식이거든요. 특히 떡볶이는 일주일에 한 번, 아니 그보다 자주 먹었어요. 그런데 설탕이 그렇게 많이 들어 있는 줄은 몰랐어요.

"여기서 더 심해지면 썩은 부분을 갈아 내고 신경 치료도 해야 해. 오늘은 충치 예방을 위해 불소로 이를 감싸는 치료만 할 테니까 앞으로 설탕 들어간 음식 줄이고, 이 잘 닦아야 해."

진하는 덜컥 겁이 났어요. 불소 도포도 이렇게 무서운데 이를 갈아야 한다니, 상상만으로도 끔찍했어요.

치료를 마치고 나오면서 윤하가 엄마 못지않게 잔소리를 했어요.

"그러니까 단것 좀 그만 먹으라고 했지?"

"언니도 떡볶이 좋아하잖아! 초콜릿 아이스크림도 한 통씩 먹으면서……."

"나는 충치 없어."

진하를 약 올린 윤하는 집으로 가고, 진하는 옆 건물에 있는 학원을 향해 터덜터덜 걸어갔어요. 학원 가는 길에 친구 희서를 만났어요. 희서를 보니까 갑자기 배가 고팠어요.

"희서야, 학원 끝나고 맛있는 거 먹을래? 나 치과 다녀왔더니 배고파."

"나도 엄마가 만들어 준 주먹밥 먹고 왔는데 뭔가 달콤한 디저트가 먹고 싶어. 수업 끝나고 디저트 먹으면서 '당 충전' 할까?"

마음이 맞은 진하와 희서는 학원이 끝나고 근처 도넛 가게로 향했어요. 가게 근처에서부터 달콤하고 고소한 냄새가 풍겼어요. 의사 선생님이 설탕을 줄이라고 했던 게 생각났지만, 진하는 잊으려고 애썼어요. 도넛 가게의 달콤한 냄새를 맡고 어떻게 그냥 지나치겠어요. 그때 주스 가게를 보면서 희서가 진하의 팔을 툭툭 쳤어요.

"진하야, 여기 주스 가게가 새로 생겼다."

"설탕을 사용하지 않아도 달콤한 주스?"

진하는 가게 앞에 붙여 놓은 광고 문구를 읽으면서 이상하다고 생각했어요. 진하가 희서에게 물었어요.

"설탕을 쓰지 않았는데 어떻게 주스가 달콤하지?"

"그러게, 진짜 이상하다."

진하와 희서는 주스 가게 앞을 기웃거렸어요. 토마토가 그려진 앞치마를 입은 사장님이 진하와 희서를 보더니 쟁반을 들고 밖으로 나왔어요.

"이거 한 잔 마셔 보세요. 시식용 토마토 주스예요."

"토마토 주스요? 웩!"

진하는 토마토를 정말 싫어해요. 엄마가 건강에 좋다며 토마토를 줄 때마다 입을 꾹 닫고 절대 먹지 않았어요. 달콤하지도 않은데다가 물컹거려서 정말 싫었거든요. 진하의 표정을 본 주스 가게 사장님이 웃으며 말했어요.

"설탕을 넣지 않아도 달콤한 스테비아 토마토로 만든 주스예요."

"설탕이 없는데 달콤하다고요?"

진하는 갑자기 흥미가 생겼어요.

"건강과 다이어트에도 도움이 되니까 한번 마셔 보세요."

진하가 토마토 주스를 받아 들고 망설이는 사이 옆에 있던 희서는 토마토 주스를 꿀꺽 마셨어요.

"이거 완전 달다. 진짜 맛있어! 너도 먹어 봐. 어떻게 설탕이 안 들어갔는데 이렇게 달지?"

"정말?"

진하는 의심을 풀지 않고 토마토 주스를 살짝 맛보았어요. 희서 말대로 단맛이 입안 가득 퍼졌어요. 진하는 자기도 모르게 들고 있던 토마토 주스를 전부 마셔 버렸어요. 새콤하고 달콤해서 감탄이 저절로 나왔어요. 그 모습을 본 주스 가게 사장님이 웃으며 말했어요.

"달달한 음식을 먹으면 기분이 좋아져요. 그렇지만 설탕이 몸에 좋지 않아 사람들이 걱정했어요. 그러다 설탕 대체제인 스테비아, 아스파탐 같은 인공 감미료를 쓰기 시작했어요."

그 말을 들은 진하는 토마토 주스가 더 마시고 싶었어요. 옆에 있던 희서도 같은 생각이었나 봐요. 진하와 희서는 주스 가게 안에 들어가 토마토 주스를 한 잔씩 사 먹었어요. 그동안 토마토를 가장 싫어했다는 사실을 잊어버릴 정도로 맛있었어요.

진하는 주스를 다 마시고 집으로 가기 전 다시 계산대 앞에 섰어요. 아빠 생각이 났거든요. 아빠는 혈당을 조절해야 한다면서 평소 설탕이나 단 음식을 먹지 않으려고 노력해요. 콜라도 설탕이 들어 있지 않은 제로 콜라를 마시곤 했어요.

"토마토 주스 한 잔 포장해 주세요."

진하는 건강 음료라고 하는 '스테비아 토마토 주스'를 아빠에게도 알려 주고 싶었어요.

집에 돌아가 아빠에게 토마토 주스를 드렸어요. 주스 가게에서 들은 대로 설명도 했어요. 역시나 아빠 얼굴이 환해졌어요.

"이거 맛있네. 혈당이 오르지 않으면서도 달콤한 맛을 즐길 수 있다니, 매일 마셔도 되겠다."

달콤하다고 좋아하는 아빠를 보면서 진하도 뿌듯했어요. 그때 윤하가 들어왔어요. 아빠는 신나서 윤하에게 토마토 주스를 내밀었어요.

"이거 진하가 사 온 토마토 주스인데, 설탕이 안 들어갔는데도 엄청 달콤해. 너도 맛 좀 보렴."

그 말을 들은 진하는 어깨가 으쓱했어요. 토마토 주스를 한 잔 더 사 오기를 정말 잘한 것 같았어요.

윤하는 아빠가 내민 토마토 주스를 조금 맛보더니 인상을 찌푸렸어요.

"스테비아 토마토네?"

"맞아. 주스 가게 사장님도 그렇게 말씀하셨어."

"이거 설탕보다 칼로리가 낮고 혈당에 영향을 적게 주지만 설탕과 마찬가지로 중독 위험성이 있고, 충치도 생겨. 이런 인공 감미료도 지나치게 먹으면 몸에 좋지 않아. 설사를 할 수도 있고 당뇨병 발생 위험도 커진다고. 적당히 먹어야지."

"설탕을 먹지 않는데도 충치가 생길 수 있다고?"

진하의 물음에 윤하는 고개를 끄덕였어요. 진하는 속은 기분이었어요. 설탕 없이도 달콤한 맛을 마음껏 즐길 수 있을 거라 기대했던 믿음이 와르르 무너졌지요.

사탕수수와 아프리카 노예의 눈물이 담긴 설탕

설탕은 사탕수수에서 얻은 원당을 가공해서 만들어요. 사탕수수는 뉴기니섬, 타이완, 중국 남부 등 일년 내내 더운 열대·아열대 지방에서 자라는 식물이었어요. 이후 뱃길을 따라 인도와 중동 지역으로 퍼졌지요. 1세기쯤 인도에서 사탕수수 추출액을 설탕 알갱이로 만드는 제조법을 발명하면서 다양하게 쓰였어요. 7세기경에 중국 사신들이 사탕수수 재배와 설탕 정제 방법을 배우려고 인도에 방문하고 돌아와 첫 번째 사탕수수 재배에 성공했다는 기록도 있어요. 10세기경부터는 이집트에서도 재배했어요.

1493년, 콜럼버스는 두 번째 항해에서 사탕수수 묘목을 아메리카에 가져갔어요. 그 이후 유럽을 중심으로 대항해 시대가 열리면서 설탕 무역이 활발해졌어요. 설탕은 아랍에서 유럽으로 수출되면서 소비가 증가했어요. 스페인, 포르투갈, 프랑스, 영국 등 유럽의 정치인과 사업가들은 설탕이 큰돈이 된다는 사실을 알았지요. 그들은 브라질, 쿠바, 카리브해 등지의 섬들에 대규모 사탕수수 농장을 세웠어요.

사탕수수 재배와 설탕 가공은 노동력이 많이 들어요. 현지인만으로는 생산량을 늘릴 수 없었죠. 그래서 아프리카 흑인을 노예로 끌고 와서 설탕을 생산했어요. 노예들의 노동으로 값싸게 설탕을 생산해 유럽에서 비싸게 팔았죠. 유럽의 정치가와 사업가 들은 설탕 무역으로 막대한 이익을 얻었어요.

16세기까지 유럽에서 설탕은 왕족이나 귀족 등 부유층만 맛볼 수 있는 사치품이었어요. 이들은 설탕을 탁자에 올려놓고 자신의 부를 과시했대요. 영국에서는 설탕 1.5킬로그램 가격이 송아지 한 마리 가격과 비슷했다는 기록도 있어요. 영국 상류층들은 중국에서 들여온 값비싼 홍차에 귀한 설탕을 넣어 마시며 사치를 즐겼어요.

17세기 후반부터 사탕수수 농업 기술이 발달하여 생산량이 늘고 설탕 생산 방식이 발전해 설탕 가격이 내려갔어요. 점차 많은 사람이 설탕을 먹을 수 있었지요. 18세기 영국에서는 산업 혁명이 일어나면서 노동자들도 설탕을 먹을 수 있었어요. 주로 홍차에 설탕과 우유를 넣은 밀크티를 마셨지요. 열악한 환경에서 장시간 노동에 시달렸던 도시 노동자들에게 설탕이 듬뿍 들어간 밀크티는 영양 공급원이자 노동의 피로를 달래 주는 회복제였어요.

약으로 쓰였던 설탕

설탕은 의학이 발달하지 않았던 시절에 질병을 치료하는 의약품으로 여겨졌어요. 〈신학대전〉을 쓴 이탈리아의 신학자 토마스 아퀴나스는 단식 중 설탕을 먹는 것이 율법 위반이냐 아니냐 하는 논쟁이 벌어지자 "설탕은 식품이 아니라 소화 촉진 등을 위한 약품이므로 설탕을 먹는다고 단식을 어겼다고 볼 수는 없다"라고 결론 내렸어요.

16~17세기 유럽 사람들은 식량이 부족해 식사를 규칙적으로 할 수 없었어요. 자주 굶다 보니 소화 불량을 앓는 사람이 많았어요. 이때 설탕이 쓰

린 위를 달래고 소화에 도움을 주었죠.

아프리카에서는 몸에 상처가 나면 설탕을 뿌렸어요. 그러면 통증이 줄고, 상처가 나았대요. 설탕이 상처 부위의 수분을 빨아들여 박테리아가 번식할 수 없거든요.

조선 시대에도 설탕은 약재였어요. 설탕의 원료인 사탕수수는 연평균 기온이 20도 이상인 곳에서 자라요. 한반도는 기후 조건이 맞지 않아 사탕수수를 키울 수 없었죠. 그래서 중국이나 일본에서 아주 적은 양을 대외 무역품으로 들여왔어요.

이렇게 귀한 설탕을 조선 왕실에서는 원기 회복을 위해 사용했어요. 왕이 직접 복용할 때도 있었고, 왕자나 원손이 아플 때 약으로 먹기도 했어요. 때로는 병든 신하에게 선물하기도 했어요. 설탕은 신하가 얼마나 왕의 사랑을 받는지 대외적으로 과시할 수 있는 물품이었어요. 중국에서 온 고위 관료들이 개인적으로 설탕을 가지고 와 구급약으로 썼다는 기록도 있어요.

설사하는 사람에게 설탕물을 먹이기도 했어요. 설사할 때 몸에서 수분 손실과 전해질 불균형이 일어날 수 있어요. 설탕물에는 전해질이나 포도당이 들어 있어 순수한 물에 비해 흡수가 빨라요. 딸꾹질이 날 때도 설탕을 혀 윗면에 올리면 혀의 신경이 단맛으로 채워져 딸꾹질을 멈추는 데 도움이 돼요.

눈에 보이는 설탕과 보이지 않는 설탕

빵집이나 카페에서 흔히 살 수 있는 '파운드케이크'는 밀가루, 버터, 달걀, 설탕이 각각 1파운드(453그램)씩 들어간다고 해서 파운드케이크라는 이름이 붙었어요. 소고기 1인분을 대개 130~180그램으로 계산하니까, 파운드케이크 1개에 들어가는 설탕 453그램은 고기 약 3인분에 해당하는 엄청난 양이에요.

현대인들은 설탕을 직접 혹은 간접적으로 섭취하고 있어요. 빵, 과자, 케이크, 음료수처럼 단맛이 나는 간식은 물론이고, 케첩이나 고추장 같은 소스류, 시리얼이나 과일, 주스 등에도 설탕이 많이 들어 있어요. 하루 식사 중 설탕을 아예 먹지 않는 경우는 드물어요.

세계보건기구(WHO)와 미국 식품의학처(FDA)는 당류 섭취량을 10퍼센트 미만으로 권고했어요. 만일 하루에 2천 칼로리를 섭취했다면 당류는 50그램 이하여야 해요. 이는 무게가 3그램인 각설탕 16~17개 수준이에요. 우리나라 식품의약품안전처가 2025년 발표한 자료에 따르면 여성인 어린이와 청소년의 약 50퍼센트가 가공식

품을 통한 당류 섭취량이 WHO 권고 기준을 초과한다고 해요. 탄산음료류 외에도 당 함량이 높은 빵류, 과일, 채소, 음료 등을 즐기기 때문이죠. 아침에 시리얼이나 잼을 바른 빵을 먹거나, 간식으로 떡볶이 1인분을 먹으면 한 번에 하루 당분 섭취량 이상을 섭취하는 셈이랍니다.

세 살 버릇 여든까지 가는 설탕 중독

설탕은 기분을 북돋우는 '세로토닌'이라는 신경 전달 물질이 더 빨리 분비되게 해요. 그래서 설탕이 들어간 단 음식을 먹었을 때 잠시지만 기분이 좋아지지요. 이런 상황이 반복되면 더 많은 설탕을 요구하게 돼요. 스트레스를 받으면 단 음식이 더 생각나고 단 음식을 끊으면 손발이 떨리고 산만해지거나 무기력증, 우울증까지 생길 수 있어요. 이런 경우를 '설탕 중독'이라고 해요.

설탕 같은 단당류를 먹으면 혈당이 급격하게 올라요. 그러면 우리 몸은 인슐린을 분비해 혈당을 급하게 떨어뜨리지요. 이후 다시 단 음식이 먹고 싶어요. 이 과정이 반복되면 우리 몸에 좋지 않은 영향을 줘요.

더 큰 문제는 설탕을 먹을수록 의존성이 생긴다는 거예요. 만성적으로 설탕에 과도하게 노출되면 뇌의 보상 중추에 작용하는 도파민이 분비되는데 도파민은 쾌락과 행복감을 느끼게 해요. 도파민 분비가 늘수록 도파민에 대한 내성이 생겨 더 큰 도파민을 찾게 되어 설탕 중독에 빠져요.

설탕 중독은 어른보다 어린이에게 훨씬 위험해요. 입맛이 완성되지 않은 어린 시절에 단맛에 익숙해지면 어른이 되었을 때 더 많은 설탕을 먹어야 만족하는 잘못된 식습관이 굳어지거든요. 지나치게 많은 설탕 섭취는 소아 비만, 소아 성인병, 치아 질병으로 이어지기도 해요.

어린이를 위한 설탕 중독 체크 리스트

- [ ] 목이 마를 때 물 대신 콜라나 사이다, 과일주스를 마신다.
- [ ] 다른 사람이 초콜릿이나 아이스크림을 먹는 걸 보면 먹고 싶다.
- [ ] 식사 후에는 달콤한 후식을 먹고 싶다.
- [ ] 사탕이나 초콜릿 같은 간식을 가지고 다닌다.
- [ ] 가끔 지나치게 단 음식을 먹고 싶다.
- [ ] 이유 없이 기운 없거나 마음이 무거울 때가 있다.
- [ ] 하루 중 몸이 축 늘어지고 무기력해지는 때가 있다.
- [ ] 스트레스를 받으면 단 음식을 먹어야 풀린다.
- [ ] 하루라도 단 음식을 먹지 않으면 집중이 안 된다.
- [ ] 식생활이 크게 달라지지 않았는데 자꾸 더 단 음식을 먹고 싶다.

진단 결과
4~5개: 설탕 중독을 조심해야 하는 단계
6~8개: 설탕 중독이 의심되어 식습관을 개선해야 하는 단계
9~10개: 심각한 설탕 중독

제로 콜라는 0칼로리니까 괜찮다는 착각

설탕의 위험성이 강조되면서 다양한 대체당을 사용하기 시작했어요. 대체당은 천연당, 천연 감미료, 당알코올, 인공 감미료로 나뉘어요.

대표적인 천연당에는 알룰로스가 있어요. 설탕의 70퍼센트 수준으로 달콤한 맛이 나지만, 98퍼센트 이상 몸에 흡수되지 않고 배출되지요. 일부 제로 탄산음료에 알룰로스가 사용돼요.

스테비아는 천연 감미료예요. 브라질과 파라과이에서 자라는 식물의 잎에서 추출한 설탕 대용품이에요. 단맛이 설탕보다 100~300배 강하면서도

0칼로리예요. 단맛을 즐기고 싶지만, 비만이나 혈당이 걱정인 사람들 사이에서 스테비아 토마토, 스테비아 자몽, 스테비아 고구마 등이 인기예요.

제로 음료는 100밀리리터당 4칼로리 미만인 음료수를 말해요. 제로 콜라는 열량이 100밀리리터당 0.24칼로리예요. 우리나라는 식품위생법상 열량이 100밀리리터당 4칼로리 미만인 음료수를 '0칼로리'라고 표기할 수 있도록 허용해요. 그래서 실제로는 열량이 있지만 '제로'라고 광고하는 거예요. 제로 음료가 다이어트와 혈당 조절에 도움이 된다고 알려지면서 제로 요구르트, 제로 아이스크림, 제로 과자 등 점점 다양한 식품이 나오고 있어요. 최근에는 제로 식품만 판매하는 무인 상점도 등장했지요.

제로 콜라는 설탕 대신 '아스파탐'이라는 인공 감미료를 사용해요. 같은

설탕 섭취를 줄이는 방법

1. 과자, 케이크, 초콜릿, 젤리 등 단 음식 대신 신선한 과일, 견과류, 무가당 요구르트를 먹어요.
2. 비타민과 무기질이 없는 흰 설탕 대신 꿀, 메이플시럽, 조청 등 자연 감미료를 적절하게 사용해요.
3. 사탕수수즙을 짜서 졸여 만들어 영양소가 남아 있는 '마스코바도 설탕'을 사용해요.
4. 식품을 살 때 성분표를 잘 확인하여 설탕 함량이 적은 빵이나 과자를 골라요.
5. 설탕이 많이 들어 있는 소스, 샐러드드레싱, 과일잼을 적게 먹어요.

양의 설탕보다 단맛이 200배 강하지요. 그러면서도 열량은 '0'이에요.

당알코올은 이름과 다르게 알코올이 들어 있지 않아요. 자일리톨이나 말티톨 등이 당알코올에 해당하지요. 소화 흡수되는 양은 약 30~50퍼센트라고 해요.

대체당들은 설탕보다 열량이 낮고 체내에 흡수되지 않아요. 혈당 조절에 도움을 주지요. 하지만 인공 감미료니까 괜찮을 거라는 생각은 착각이에요. '제로'라는 말에 속아 지나치게 섭취하면 충치가 생길 수 있어요. 어떤 감미료들은 설사나 복통이 나타나거나 저혈당을 일으키기도 해요. 설탕과 마찬가지로 중독 위험성도 아주 커요. 의사들은 제로 콜라를 비롯한 제로 음료, 제로 식품 들도 가끔, 적당히 마셔야 한다고 조언해요.

엘리자베스 1세 여왕이 웃지 않는 까닭

영국의 엘리자베스 1세 여왕은 대영 제국을 '해가 지지 않는 나라'로 불리게 한 위대한 왕이에요. 영국의 황금기를 연 왕이기도 하지요. 스페인 함대를 물리쳐 국방을 튼튼히 하고, 지금의 의회 역할을 하는 추밀원과 협력하여 국가를 안정시켰어요. 계급이나 출신을 따지지 않고 유능한 신하를 뽑았지요. 오늘날 영국인들이 가장 존경하는 왕 중 한 명이에요.

엘리자베스 1세 여왕은 단 음식을 무척 좋아했어요. 특히 설탕에 절인 제비꽃을 즐겨 먹었다고 해요. 단 음식과 설탕, 사탕은 치아를 충치로 병들게 했어요. 당시 충치와 치통의 유일한 치료법은 이를 빼는 것이었어요. 엘리자베스 1세 여왕은 단 음식을 계속 먹으면서 치아가 대부분 빠졌다고 전해져요.

장수의 열쇠, 설탕

이탈리아 남부의 작은 마을 피오피는 '세계에서 가장 오래 사는 마을'이라고 불려요. 이 마을 어르신들의 장수 비결은 매일 채소, 올리브유, 통곡물, 신선한 해산물을 먹는 거예요. 또 하나는 설탕 섭취량 조절이에요. 이 마을 사람들은 한 주에 한 번만 달콤한 음식을 먹고, 요리할 때 설탕 대신 꿀이나 과일처럼 천연 단맛을 사용해요. 평소 설탕 섭취량을 줄이는 것만으로도 건강을 지킬 수 있고, 특히 어린 시절부터 설탕을 덜 먹는 습관은 평생 건강을 지키는 데 무척 중요해요.

패스트푸드

씨옥 팍팍, 햄버거 가게의 비밀

수학 학원이 끝날 때쯤, 진하는 희서와 눈이 마주쳤어요. 두 사람은 말없이 고개를 끄덕였어요. 맥도날드에 가자는 둘만의 약속이었죠. 오늘은 수학 학원과 영어 학원에 모두 가는 날이에요. 수학 학원이 끝나고, 영어 학원에 가기까지 20분이 남죠. 이 시간 안에 저녁을 먹으려면 패스트푸드밖에 없어요. 주문하면 금방 음식이 나오고, 빨리 먹을 수 있으니까요. 게다가 언제 먹어도 맛있고, 감자튀김과 콜라까지 곁들이면 배부른 한 끼 식사죠.

진하와 희서는 길 건너편에 있는 맥도날드를 향해 달렸어요. 두 사람이 뛰고 있는데 찬영이가 어느새 따라왔어요. 진하가 뛰면서 찬영이에게 물었어요.

"너 어디 가?"

"나도 같이 저녁 먹을래."

진하와 친구들은 문을 열고 매장 안으로 들어가 매장 입구에 있는 키오스크에서 주문을 시작했어요.

"희서야, 너 뭐 먹을 거야?"

"당연히 빅맥이지! 작년에 일본으로 여행 갔는데 빅맥이 있더라. 얼마나 반가웠는지 몰라. 전 세계 어느 맥도날드나 빅맥이 있대. 매년 빅맥 가격으로 각 나라의 물가를 비교하는 '빅맥 지수'라는 것도 있다더라."

"나는 1955버거 먹어야지! 맥도날드가 처음 생겼을 때부터 있었던 메뉴래."

진하는 1955버거를 장바구니에 담았어요. 그리고 옆에서 메뉴판을 들여다보는 찬영이에게 물었어요.

"너는 뭐 먹을 거야?"

찬영이는 한참을 망설이다 결심한 듯 대답했어요.

"나는 안 먹을래!"

"뭐라고?"

두 사람은 너무 놀라 눈을 동그랗게 뜨고 동시에 큰소리로 물었어요.

"나 다이어트 하잖아. 햄버거는 열량이 높고 비타민이나 무기질 같은 필수 영양소는 부족한데, 지방, 당분, 소금, 식품 첨가물이 많아 '정크 푸드'라고 불려."

진하는 찬영이를 이해할 수 없었어요. 기껏 같이 오고선 햄버거를 안 먹겠다니……. 주문을 마치고 자리를 잡으려는데, 매장 직원이 진하에게 다가왔어요.

"고객님, 1955버거 주문하셨지요? 지금 1955버거를 굽는 장비가 고장 나서 15분쯤 걸릴 것 같아요. 괜찮으신가요?"

"15분이나 걸려요? 빨리 먹고 학원 가야 하는데……."

"죄송합니다. 1955버거에 들어가는 소고기 패티는 높은 온도와 압력을 이용해서 구워야 하는데, 지금 기계 오작동으로 온도를 높이지 못하고 있어요."

진하는 어쩔 수 없이 다른 메뉴를 먼저 달라고 했어요. 희서는 먼저 나온 빅맥을 맛있게 먹었지요. 찬영이는 아무것도 먹지 않고 생수만 홀짝였어요.

그때였어요. 채경이가 매장 문을 열고 들어오더니 진하가 앉은 테이블 쪽으로 왔어요.

"얘들아, 나 혼자 왔는데 같이 먹어도 돼?"

진하는 고개를 끄덕였지요.

"너희 먹는 거 보니까 나도 배고파. 채경이랑 같이 주문하고 올게."

찬영이는 배를 만지며 채경이와 키오스크로 갔어요. 그 모습을 본 희서가 말했어요.

"이래서 다이어트할 때 먹방을 조심해야 하나 봐."

"그러게나 말이야."

잠시 후 찬영이와 채경이는 쟁반을 들고 자리로 왔어요. 찬영이가 내려놓은 쟁반에는 치킨버거 두 개와 제로 콜라 두 잔, 감자튀김이 있었어요.

"와, 진짜 맛있겠다. 유튜브에서 봤는데 굶는 것보다 먹는 게 낫대. 치킨버거는 다이어트할 때 먹기에 영양 성분도 그렇게 나쁘지 않대."

찬영이는 포장지를 벗기고 햄버거를 입에 넣었어요.

"야! 너, 조금 전까지 햄버거는……."

찬영이는 진하가 말을 다 끝내기도 전에 큰 소리로 대답했어요.

"나 감자튀김은 안 먹을 거야. 진하야, 감자튀김 더 먹어. 너 감자튀김

좋아하잖아."

찬영이는 진하에게 감자튀김을 내밀었지만, 진하는 먹고 싶지 않았어요. 아직도 주문한 햄버거가 나오지 않았거든요.

"1955버거는 왜 안 나오는 거야?"

진하는 주방 쪽을 보면서 괜히 큰 소리로 말했어요. 희서는 이미 햄버거를 다 먹은 뒤였어요. 채경이는 치킨버거와 제로 콜라를 반 정도 먹더니 배부르다며 내려 놓았어요. 15분이 훨씬 지났는데도 진하가 주문한

1955버거는 나오지 않았어요. 희서가 시계를 보더니 말했어요.

"1분 남았다! 우리 가야 할 시간이야."

"난 햄버거를 먹지도 못했는데, 가야 한다고? 빨리 나와서 패스트푸드라며, 뭐 이렇게 늦게 나와?"

진하가 나가려고 정리하는 사이 1955버거가 나왔어요. 결국 진하는 햄버거를 포장해서 나왔어요.

5~10분 이내에 나와서 빠르게 먹을 수 있는 음식

패스트푸드는 서비스 속도에 중점을 두고 대량 생산된 식품의 한 종류예요. 가장 빠른 형태의 패스트푸드는 미리 조리된 제품이에요. 햄버거 매장에서는 미리 대량 생산된 재료들을 간단하게 조리하는 방식을 사용해요.

패스트푸드 회사는 재료를 단순화하고, 조리 과정을 표준화하여 짧은 시간 안에 음식이 나오도록 개발해요. 포장된 빵과 양념, 미리 세척하고 손질한 채소, 정량으로 나눠 놓은 고기와 감자튀김으로 조리해요. 고객이 주문하면 그 즉시 햄버거, 감자튀김, 음료 등을 동시에 준비할 수 있는 특수한 장비를 사용하지요. 이 장비들은 높은 온도와 압력을 이용하여 음식을 빠르게 조리해요. 주문받는 직원, 조리하는 직원, 포장하는 직원 등 분업을 통해 각자의 전문성을 높여 음식을 내놓는 시간을 줄여요.

'fast'라는 이름 그대로, 빠르게 음식을 제공할 것을 약속하는 패스트푸드는 현대 사회를 사는 바쁜 사람들이 간편하게 끼니를 해결할 수 있는 식사예요. 패스트푸드 매장은 도시 곳곳에서 쉽게 찾을 수 있어요. 요즘은 24시간 영업하는 패스트푸드 매장도 많아 언제라도 갈 수 있지요. 이것을 '접근성이 좋다'라고 표현해요.

식사를 준비하는 번거로움 없이 간단히 주문하고 몇 분 내로 식사할 수 있는 '편리성'이 패스트푸드가 인기를 끄는 이유예요. 전국, 전 세계 어디를 가더라도 익숙한 매장에서 비슷한 맛을 즐길 수 있는 점도 패스트푸드의 인기가 식지 않는 이유랍니다.

열량은 높고 영양소는 부족한 정크 푸드

패스트푸드는 정크 푸드(junk food), 즉 '쓰레기 음식'이라고 불리기도 해요. 열량이 높고 비타민이나 미네랄 등 필수 영양소가 부족하기 때문이죠. 지방, 당분, 소금, 식품 첨가물이 많이 든 햄버거, 감자튀김, 치킨 등의 패스트푸드뿐만 아니라 가공된 고기를 쓰는 베이컨, 햄, 소시지, 통조림 햄이나 통조림 참치부터 각종 튀김류와 당이 들어간 음식 등이 정크 푸드에 해당해요.

정크 푸드는 소아 비만의 가장 큰 원인으로 꼽혀요. 영국이나 호주에서는 소아 비만을 줄이기 위해 정크 푸드의 TV 광고를 금지해요. 캐나다, 멕시코, 인도에서는 학교 안은 물론이고 학교 주변에서도 정크 푸드를 팔지 못하도록 법으로 정했지요.

우리나라도 2008년 '어린이 식생활 안전관리 특별법'을 제정하여 학교와 주변 지역에서 지방과 나트륨이 많은 고열량 정크 푸드 판매를 금지하고 있어요. 이 법에는 패스트푸드 매장은 영양 성분을 의무적으로 표시하고, 어린이들의 TV 시청 시간대에 정크 푸드 광고를 제한하거나 금지

하는 내용을 포함하고 있어요.

몽골에서 탄생해 독일을 거쳐 미국으로 건너간 햄버거

대표적인 패스트푸드 음식인 햄버거는 10세기 초 몽골 유목민이 먹던 고기에서 유래했어요. 몽골 유목민은 음식을 구하는 게 어려워 양고기를 말과 안장 사이에 넣고 다녔어요. 그럼 자연스럽게 고기가 부드러워졌지요. 이 방식은 전쟁을 치르는 동안 헝가리와 동유럽으로 퍼졌어요. 이게 고기를 갈아 부드럽게 만든 뒤, 다진 양파와 달걀을 넣고 양념한 '타르타르스테이크'의 탄생이래요.

사람들은 새로운 요리에 열광했어요. 19세기가 지날 때쯤, 이 요리법이 독일 함부르크 지방까지 전해졌어요. 독일 사람들은 이 음식을 '함부르크에서 만드는 불에 구운 스테이크 요리'라는 뜻으로 '햄버그'라고 불렀어요. 독일 사람들이 미국으로 이민 갈 때 '햄버그'도 함께 갔어요. 1826년, 뉴욕의 한 레스토랑에서 햄버그를 팔았다는 기록이 남아 있어요.

햄버거가 언제부터 빵 사이에 고기를 끼워 넣은 지금의 모양이었는지 여러 의견이 있어요. 그중 하나는 1885년, 찰리 나그린이라는 소년이 미국 위스콘신주 세이모어 시에서 열린 박람회에서 미트볼을 빵 사이에 끼워 팔았다는 주장이에요. 찰리는 박람회를 보러 온 사람들이 돌아다니며 미트볼을 쉽게 먹을 수 있도록 빵 사이에 끼워 파는 방식을 생각했어요. 이후 박람회가 열릴 때마다 햄버거를 팔아서 그를 '햄버거 찰리'로 불렀다고 해요. 세이모어 시에서는 '햄버거의 원조'를 내세우며 햄버거 명예의 전당을 짓고, 매년 8월 첫째 토요일에 햄버거 페스티벌을 열고 있어요.

세계 표준이 된 맥도날드 햄버거

맥도날드는 햄버거를 세계적인 음식으로 만든 주인공이에요. 1948년, 맥도날드 형제는 햄버거, 감자튀김, 밀크셰이크, 콜라를 일회용 용기에 담아 파는 식당을 열었어요. 1955년, 사업가 레이 크록이 식당을 방문했어요. 그는 맥도날드 햄버거가 맛과 품질이 뛰어나면서도 가격이 저렴한 것에 놀랐어요. 레이 크록은 맥도날드의 매장 운영 방식에 주목했지요. 당시 맥도날드는 고객이 종업원에게 와 주문하고, 음식을 직접 받아 가는 '셀프 시스템'을 사용했어요. 모든 음식은 숟가락, 포크 없이 한 손으로 들고 먹을 수 있었죠. 특별한 기술을 지닌 요리사 없이 종업원 몇 명만으로도 식당을 원활하게 운영했어요.

레이 크록은 맥도날드의 성장 가능성을 내다보고 이 사업을 미국 전역으로 확대하자며 프렌차이즈 사업을 제안했어요. 1955년, 일리노이주에 맥도날드 1호점을 시작으로, 5년 만에 매장이 200개로 늘었지요. 미국에서 엄청난 성공을 이룬 맥도날드는 전 세계로 진출했어요. 2024년 기준, 맥도날드는 전 세계 119개국에서 3만 4천여 개의 매장을 운영하고 있어요.

전 세계 어디에나 맥도날드가 있어서 여러 나라의 경제나 사회 현상을 비교할 때 유용하게 쓰여요. 1986년 영국의 경제 전문지 〈이코노미스트〉에

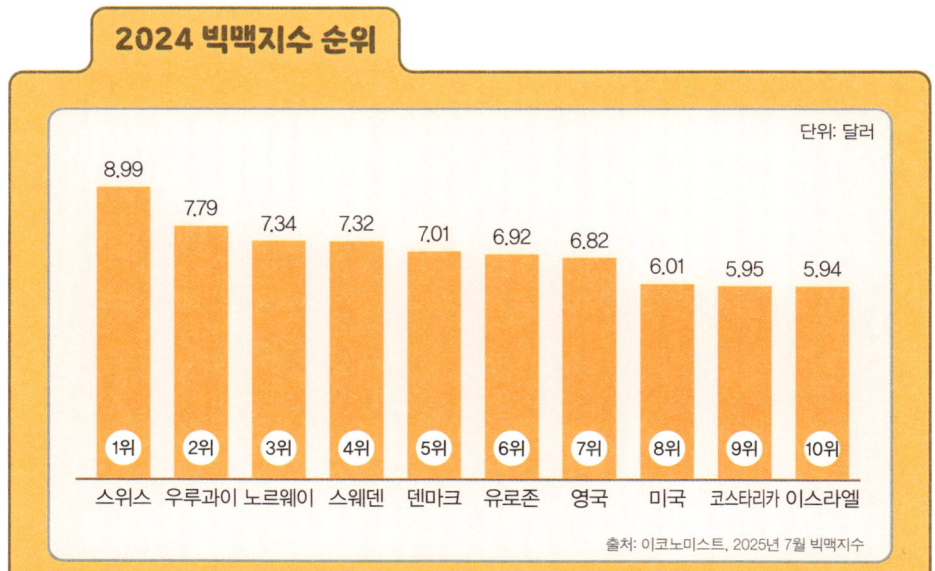

서는 '빅맥 지수'를 발표했어요. 맥도날드의 대표 햄버거인 빅맥 가격을 비교하여 각 나라의 생활 물가를 가늠하는 거예요. 환율이 적정한 수준인지도 평가하고요. 이를 통해 각 나라의 경제 상황을 비교할 수 있어요.

패스트푸드 매장에 가면 식욕이 샘솟는 이유

빨간색은 식욕을 자극하는 색이에요. 빨간색은 몸속 아드레날린 호르몬 분비를 촉진하여 호흡이 빨라지고 혈압이 올라가요. 맥박수도 같이 증가하는데, 이 과정에서 몸의 활동성을 높여 음식을 먹고 싶은 욕구가 생긴대요. 맥도날드, 버거킹, KFC, 롯데리아, 파이브가이즈 등 많은 패스트푸드 매장 간판이 빨간색인 이유가 바로 이 때문이에요. 노란색이나 주황색도 입맛을 살아나게 하는 색깔이에요. 이것을 '케첩 머스터드 이론'이라고 해요. 반대로 파란색은 식욕을 떨어뜨리는 색깔이에요. 다이어트할 때 식기를 파란색으로 바꾸면 식욕 감소 효과가 있다고 해요.

   패스트푸드 매장의 메뉴판에도 식욕을 돋우는 비밀이 숨어 있어요. 메뉴판 속 햄버거 사진에는 유난히 양상추와 토마토가 도드라져 보여요. 건강에 좋지 않은 패스트푸드를 먹는다는 죄책감이 덜 들도록 일부러 신선한 채소를 강조하여 건강한 이미지를 전달하는 거예요.

   패스트푸드 매장의 의자는 딱딱하고, 등받이가 없는 경우도 있어요. 패스트푸드 매장에서는 고객이 빨리 먹고 나갈수록 이익이에요. 다 먹은 손

님이 빨리 일어나고 다른 손님이 그 자리를 채워야 매출이 높아지니까요. 그래서 패스트푸드 매장에서는 일부러 플라스틱과 철로 만든 불편한 의자를 설치한답니다.

패스트푸드 매장의 분위기는 밝고 현대적이에요. 일부러 아늑하지 않은 분위기를 조성해서 소비자들이 오래 머무는 것을 방지하려는 의도지요. 빨리 먹게 하기 위해서 주로 빠른 박자의 음악을 틀어요. 빠르고 경쾌한 음악을 틀면 고객들은 음악의 속도를 따라 먹는 속도가 빨라지거든요. 패스트푸드 매장에서는 이러한 방법으로 고객이 평균 15분 안에 식사를 마치고 나가도록 유도한대요.

프렌치프라이의 원조 싸움

패스트푸드 매장에서 파는 길고 가느다란 감자튀김을 영어로 '프렌치프라이'라고 불러요. 미국 기업인 맥도날드와 버거킹 등에서 햄버거의 곁들임 메뉴로 판매하면서 유명해졌어요.

감자튀김을 '프렌치프라이(프랑스식 튀김)'라고 부르는 이유에는 여러 가설이 있어요. 그중 하나는 제1차 세계 대전 중 벨기에에 주둔했던 미군들이 벨기에 군인들이 먹는 감자 튀김을 보고 프랑스 요리로 착각하여 '프렌치프라이'라고 불렀다는 주장이에요. 또 미국의 제3대 대통령인 토머스 제퍼슨이 프랑스에서 기름에 튀긴 감자 요리를 처음 접한 후 백악관에서 프랑스식으로 만든 감자 요리라고 소개했기 때문이라는 의견도 있어요.

벨기에 사람들은 1680년 겨울, 왈로니아 지방에서 강물이 얼어 생선을 구하기 어렵자 감자를 길게 썰어 튀겨 먹었다며 벨기에가 '감자튀김의 원조'라고 주장해요. 프랑스 역사학자는 1775년, 파리에서 발견된 요리책에 감자튀김에 관한 기록이 나온다며 프랑스가 원조라고 하지요. 요즘도 프랑스와 벨기에 사람이 만나면 서로 '우리가 감자튀김의 원조'라며 논쟁을 벌인다고 해요.

벨기에는 유럽 국가 중 1인당 감자튀김을 가장 많이 먹어요. 와플, 초콜릿, 홍합과 함께 감자튀김을 벨기에의 대표적인 국민 음식으로 꼽아요. 세계 최초의 감자튀김 박물관도 있어요. 벨기에는 감자튀김을 마요네즈에 찍어 먹는 경우가 많아요.

몇 년 전, 벨기에 정부가 감자튀김을 유네스코 세계문화유산으로 올리려고 했어요. 하지만 프랑스가 "왜 프랑스 음식을 벨기에 전통 음식으로 등재하냐?"라며 반대하여 뜻을 이루지는 못했어요.

햄버거 하나를 먹는 데 들어가는 지구 환경 비용

패스트푸드는 대부분 고열량 식품이에요. 햄버거, 감자튀김, 치킨 등에는 지방뿐 아니라 강렬한 맛을 내기 위해 당분, 소금, 각종 식품 첨가물이 들어가요. 고열량과 고지방 식품을 자주, 많이 먹으면 비만, 고혈압, 당뇨병, 심장 질환, 콜레스테롤 증가 등 건강에 심각한 문제가 일어날 수 있어요.

패스트푸드는 지구 환경에도 나쁜 영향을 미쳐요. 소고기 햄버거 한 개를 만들기 위해서 열대 우림 약 5제곱미터가 사라지고, 약 3킬로그램의 온실가스를 배출한다는 연구도 있어요. 소는 엄청난 양의 곡식과 물을 먹어 치워요. 소는 위장이 4개라서 소화 과정에서 트림이나 방귀가 많이 나와요. 이때 메탄가스를 방출하지요. 소 한 마리가 소화하면서 내뿜는 메탄가스가 1년에 약 85킬로그램이래요. 이는 소형 자동차 한 대가 1년 동안 내뿜는 온실가스 양과 비슷해요. 전 세계 소가 1년 동안 배출하는 메탄가스는 약 105억 킬로그램이래요. 메탄가스는 이산화 탄소보다 28배나 더 강력하게 온실 효과를 일으키는 물질이에요.

패스트푸드에 맞서는 음식 문화 운동

슬로우 푸드는 패스트푸드와 대립하는 개념으로, 지역의 전통적인 식생활이나 식문화, 식재료를 활용하자는 운동이에요. 각 지역의 특색에 맞는 다양한 음식 문화를 추구하고, 각 나라의 전통 음식을 지키려는 노력이지요. 자연에서 얻은 재료에 감사해하고, 화학조미료를 사용하지 않고 정성껏 요리하고, 느긋하게 음식을 즐기자는 사회 운동이기도 해요. 한국에서는 김치, 된장, 고추장, 젓갈 등이 여기에 해당해요.

로컬 푸드는 지역에서 생산한 먹거리를 멀리 이동하거나 많은 유통 과정을 거치지 않고 지역에서 소비하자는 문화예요. 1970년대 이후 세계화의 영향으로 해외에서 식품을 수입하는 경우가 크게 늘었어요. 한 연구 결과에 따르면 식량 시스템에서 발생하는 온실가스는 전체의 30퍼센트, 그중

식품 운송 분야가 전체의 6퍼센트 정도래요. 로컬 푸드를 이용하면 교통수단을 최소화하여 탄소 발생을 줄일 수 있어요.

푸드 마일리지는 식료품이 생산자 손을 떠나 소비자의 식탁에 오르기까지 이동한 거리에 중량을 곱한 값을 말해요. 푸드 마일리지가 낮은 상품은 생산지와 소비자까지의 거리가 가까워서 탄소 발생을 줄일 수 있어 더 안전해요. 반대로 푸드 마일리지가 높으면 배, 기차, 자동차, 비행기를 길게 이용해서 탄소 발생이 많아지고 안전성도 떨어져요.

푸드 마일리지 계산법

푸드 마일리지 = 식품 중량(t)×운송 거리(km)

① 뉴질랜드산 골드키위 푸드 마일리지(뉴질랜드→서울)
  골드키위 1박스kg × 이동 거리 1만 70km = 푸드 마일리지 20.14t·km
  /온실가스 배출량 773g

② 제주산 참다래 푸드 마일리지(제주→서울)
  제주산 참다래 1박스 2kg × 481km = 푸드 마일리지 0.96t·km
  /온실가스 배출량 47g

푸드 마일리지가 높으면 식품이 이동하는 동안 상하지 않게 하려고 약품 처리를 하여 몸에도 좋지 않아요. 푸드 마일리지 수치가 낮을수록 몸에 좋고, 지구에도 이로운 음식이에요.

한국인의 전통 패스트푸드 설렁탕

설렁탕의 유래에는 몇 가지 설이 있어요. 그중 하나는 선농단과 관련이 있어요. 조선의 왕은 농사를 담당하는 신을 섬기는 '선농제'를 지냈어요. 선농제를 마치면 제사에 올렸던 고기로 국물을 내어 여러 사람이 나누어 먹었어요. 이 음식을 선농단 국밥이라 하여 '선농탕'이라 불렀어요. 점차 발음하기 편하게 '설렁탕'으로 바뀌었고요. 선농제는 1910년, 일본에 나라를 빼앗기면서 중단되었어요. 자연스럽게 설렁탕을 나눠 먹는 행사도 멈추었지요.

그러다 일제 강점기, 소고기 소비가 늘어나면서 소고기를 팔고 남은 뼈와 자투리로 직접 설렁탕을 만들었어요. 설렁탕은 가격이 저렴하고, 빠르게 먹을 수 있고, 부족한 영양까지 보충할 수 있어 인기가 많았어요.

설렁탕을 만들려면 오랫동안 국물을 우려내야 해요. 만들고 나면 그릇에 바로 국물을 붓고 고명과 사리를 얹어 주문한 손님 앞에 바로 내놓지요. 주문한 뒤 빠르게 나오는 설렁탕은 장국밥, 곰탕 등과 함께 한국의 패스트푸드였답니다. 1930년대, 경성의 중심가인 종로와 청계천 주변에 설렁탕집 100여 개가 빼곡하게 들어섰었어요.

육식
삼겹살은 못 참아!

토요일 아침, 달콤한 늦잠을 자는데 누군가 진하의 몸을 흔들었어요. 깜짝 놀라 눈을 번쩍 떠 보니 윤하였지요. 진하는 시간을 확인하고 다시 이불을 머리 위로 뒤집어썼어요.

"야, 일어나! 지금 몇 시인 줄 알아?"

윤하는 이불을 젖히며 소리쳤어요.

"아직 10시도 안 되었는데 왜 벌써 깨워?"

"빨리 일어나서 밥 먹어. 나는 아침 챙기고 나갈 거야. 아니지! 시간이 벌써 10시니 아침과 점심 사이에 먹는 '아점'이네."

진하는 문득 이상하다 싶어 벌떡 일어나 앉았어요.

"엄마는 어디 갔어?"

"엄마는 결혼식 간다고 일찍 나가셨어. 저녁에 들어오실 거야. 얼른 나와서 밥 먹어. 나 친구들하고 스터디 카페 가기로 했어."

진하는 눈을 비비며 식탁에 앉았어요. 식탁에는 콩나물국, 김, 김치와 함께 두부조림이 놓여 있었어요. 윤하는 밥을 퍼서 진하 앞에 놓았어요. 진하는 이마를 찌푸렸어요.

"언니, 고기반찬은 없어? 나는 성장기 어린이라 고기 많이 먹고 키 커야 해."

"그건 고기를 적당히 먹었을 때 얘기지. 고기를 너무 많이 먹으면 단백질보다 몸에 좋지 않은 포화 지방을 더 많이 섭취하는 거야."

"그래도 이건 아니지! 전부 채소뿐이잖아."

"여기 두부조림 안 보여? 콩을 '밭에서 나는 소고기'라고 해. 고기 못지않게 단백질이 풍부하거든. 불평하지 말고 얼른 먹어."

윤하가 콩의 좋은점을 설명해 주었지만, 진하 귀에는 하나도 들어오지

않았어요. 윤하가 차려 준 반찬이 마음에 들지 않았거든요. 밥도 먹는 둥 마는 둥 했어요. 그런데 익숙한 냄새가 진하의 코를 찔렀어요.

"어디서 고기 굽는 냄새가 나는데?"

진하는 냄새가 나는 베란다로 발걸음을 옮겼어요. 아랫집에서 고기 굽는 냄새가 진하네 집까지 올라왔나 봐요.

"언니, 아래층에서 고기 먹나 봐."

"저 집은 주말 아침마다 고기 구워 먹나? 토요일, 이 시간에 꼭 고기 냄새가 나."

"맛있겠다……."

진하는 침을 꿀꺽 삼켰어요. 그 모습을 본 윤하가 말했어요.

"너 진짜 개코다. 고기 냄새는 바로 맡네. 고기가 그렇게 좋아? 고기 구울 때 지방이 가열되면서 맛있는 향이 난다던데."

"어쩐지 맛있는 냄새가 나더라고."

진하의 입이 뾰로통해졌어요. 고기 냄새를 맡고 나니 식탁 위 밥이 더 먹기 싫어졌어요.

그 순간 진하의 스마트폰이 울렸어요. 엄마가 보낸 메시지였어요.

> 진하야, 우리 집 앞 상가 1층 정육점에서 오늘 삼겹살 할인한대. 선착순 100명에게 1인당 2팩을 한정 판매 한다니까 얼른 나가서 줄 서. 엄마가 저녁에 집에 가서 삼겹살 구워 줄게.

진하는 비로소 미소를 되찾았어요. 저녁에 삼겹살을 먹는다고 생각하니 신이 났어요. 진하는 밥을 먹다 말고 상가로 갔어요. 11시까지 한참 남았는데, 이미 많은 사람이 줄을 서서 기다리고 있었어요. 진하도 얼른 줄을 섰어요. 힘들지만 저녁에 삼겹살을 먹을 생각에 꾹 참았어요. 정육점 점원이 큰 소리로 행사를 홍보했어요.

"한국인이 가장 좋아하는 고기 1위, 삼겹살 반값 할인입니다. 우리 땅에서 키운 우리 돼지입니다."

진하는 기다리는 동안 가격표를 보면서 머릿속으로 계산했어요.

'오늘 반값 할인이라고 했으니까 삼겹살 한 근을 7천 800원에 살 수 있겠다. 한 근이면 600그램이니 우리 가족이 배부르게 먹을 수 있을까?'

진하는 앞에 몇 사람이나 있는지 세어 보았어요. 얼른 나온 덕에 선착순 100명 안에는 충분히 들어갈 수 있을 것 같았어요.

반값 할인이라 그런지 익숙한 얼굴이 많이 보였어요. 앞에 서 있던 할머니가 뒤를 돌아보더니 진하를 알아보고 말을 걸었어요.

"엄마는 어디 가고 너 혼자 왔니?"

"엄마는 결혼식 가셨어요. 오늘만 삼겹살 할인한다고 해서 엄마 대신 제가 왔어요."

할머니는 진하가 기특하다고 한참 칭찬하셨어요. 진하는 부끄러웠지만 기분이 좋았지요.

"옛날에는 고기가 이렇게 흔하지 않았어. 기껏해야 명절이나 생일에 먹을 수 있었지. 삼겹살을 마음껏 구워 먹을 수 있게 된 건 1980년대에 국민 소득이 크게 늘면서부터야. 고작 30년 남짓인데, 그 사이에 세상이 많이도 변했구나."

할머니가 이런저런 이야기를 들려주셨지만 진하는 맨 앞줄을 보면서 빨리 11시가 되었으면 좋겠다는 생각뿐이었어요.

그 순간, 사람들이 술렁이는 소리가 들렸어요. 삼겹살 할인 판매를 시작했나 봐요. 진하는 고개를 쭉 빼고 앞을 보았어요. 고기를 사려는 줄은 빠르게 줄어들었어요. 진하도 앞에 바짝 붙었어요. 엄마 카드가 주머니 속에 잘 있는지 다시 확인했어요.

줄이 점점 줄어들어 진하도 가게 문 가까이까지 왔어요.

'이제 앞에 10명 정도 남았으니까 나도 살 수 있겠다!'

진하는 즐거운 마음으로 줄이 더 빨리 줄어들기를 바랐어요. 그런데 이상했어요. 줄이 줄어들기는커녕 늘어난 것 같았지요. 앞에 서 있던 할머니도 이상하다고 생각하셨는지, 앞 사람들을 보면서 호통을 치셨어요.

"이봐요! 줄 서 있는 사람들 안 보여요? 중간에 끼어들면 어떡해요!"

"우리는 가족입니다. 가족이 늦게 와서 같이 섰어요."

진하도 질 수 없었어요.

"선착순 100명에게만 삼겹살을 할인 판매하는데, 가족이라고 끼어들면 뒤에 서 있던 사람들이 못 살 수 있잖아요."

진하의 똑 부러진 말에 다른 사람들도 호응했어요. 결국 중간에 끼어

들려고 했던 두 사람은 맨 뒤로 발걸음을 옮겼어요.

그때 정육점 점원이 줄 서 있는 사람 수를 세면서 다가왔어요. 그러다 할머니 앞에 멈추며 말했어요.

"죄송합니다. 여기서부터 기존 가격으로 구매하셔야 해요. 바로 앞의 고객님까지가 딱 100명이거든요. 삼겹살 말고 앞다리 살이나 등심도 할인하고 있어요. 둘러보세요"

진하는 하늘이 무너지는 기분으로 물었어요.

"그럼 삼겹살은 할인 안 해요?"

선착순 인원이 끝나 원래 가격으로 사야 한다는 말에 할머니도 섭섭해서 목소리가 높아졌어요.

"아니, 줄 서 있던 보람도 없이 이게 뭡니까?"

그러더니 성큼성큼 가 버리셨어요. 삼겹살을 사려고 줄 서 있던 사람들은 썰물 빠지듯 사라졌어요. 진하만 정육점 앞에 덩그러니 서 있었어요. 진하는 난감해하며 엄마에게 전화를 걸었어요.

"삼겹살 할인 판매가 끝났대. 삼겹살을 원래 가격으로 사거나, 삼겹살보다 싼 등심이나 앞다리 살을 사래. 어떻게 하지?"

"등심은 주로 돈가스로 먹고, 앞다리 살은 보쌈으로 먹어서 구이용으로 적합하지 않아. 하는 수 없지."

진하는 삼겹살을 사지 못했다는 사실이 믿기지 않았어요. 식탁 가운데 불판을 올려놓고 삼겹살을 직접 구워 먹으려던 계획이 물거품이 되었지요. 아침도 제대로 먹지 못해 더욱 화가 났어요. 진하는 상가 2층에 있는 돈가스 가게로 성큼성큼 걸어갔어요. 돈가스라도 먹어야 마음이 풀릴 것 같았거든요.

인간은 왜 고기를 맛있다고 느낄까?

인간은 혀에 분포된 세포를 통해 단맛, 짠맛, 쓴맛, 신맛, 감칠맛을 느껴요. 하지만 맛있다는 판단은 뇌에서 결정해 눈, 코, 귀 등의 영향도 받지요. 우리가 흔히 말하는 사과 맛, 포도 맛은 향으로 전해져요.

고기는 불로 익힐 때 지방이 타면서 향을 내뿜어요. 인간은 고기 굽는 냄새에 본능적으로 반응해요. 고기의 단백질과 핵산은 감칠맛을 유발해요. 거기에 고기에 있는 지방이 향을 입히고 식감에 영향을 주면서 맛있다고 느끼지요. 또 고기의 단백질과 당이 불을 만나 생기는 마이야르 반응은 고기를 풍미 있게 만들고 독특한 향을 더해 고기를 더 맛있게 해요.

인류가 고기를 풍족하게 먹은 건 그리 오래되지 않았어요. 옛날부터 고기는 비싸고 귀해서 왕이나 귀족이 먹는 음식이었죠. 사냥으로 고기를 구해도 여러 사람이 풍족하게 나눠 먹기 어려웠어요. 농경 사회에서는 농사에 꼭 필요한 가축을 먹는 일은 농사를 포기하는 것과 마찬가지여서 쉽게 결정할 수 없었죠.

요즘처럼 고기를 많이 먹게 된 건 소, 돼지, 닭을 축산 시설에서 대량으로 생산하는 공장식 축산업이 발전하면서부터예요. 공장식 축산업은 공장에서 물건을 생산하듯 축산 시설에서 가축을 길러 대량의 고기를 생산하는 방식을 말해요. 예를 들면 농장에서 기른 가축은 도축장으로 옮겨요. 도축장은 고기를 손질하여 도매상이나 육류 가공업체로 보내고요. 육류 가공업자는 필요한 만큼 잘라서 대형 할인 매장이나 슈퍼마켓으로 보내 판매하지요. 이렇게 공장식 축산업이 발달하면서 더 많은 사람이 저렴하고, 안전하게 고기를 즐길 수 있게 되었어요.

제대로 된 고기, 정육(正肉)이라 불렸던 소고기

소고기는 특히 비싸고 고급스러워요. 오죽했으면 '제대로 된 고기'라는 뜻으로 정육(正肉)이라고 불렀지요. 소는 농사를 짓거나 건축할 때 노동력으로 쓰였고, 돼지와 닭처럼 많이 생산하기 어려웠어요. 소고기를 먹는다는 건 무척 사치스러운 일이었지요. 경제가 성장하고, 농기계 보급이 늘면서 소를 농사에 이용하는 일이 줄어들었어요. 현재는 식용 육우와 우유 생산용 젖소 두 종류가 주를 이뤄요.

고기를 쉽게 먹을 수 있는 지금도 한국에서 소고기는 가장 비싼 고기로 통해요. 우리나라에서 사육한 토종 소를 의미하는 브랜드 '한우'는 수입 소고기와는 비교할 수 없이 비싸고 품질이 좋아요. 처음부터 그랬던 건 아니에요. 1990년대 초반 수입 자유화로 외국의 값싼 소고기가 밀려들었어요. 그러자 정부에서는 한우의 생산과 품질을 엄격하게 관리하기 시작했어요. 소고기를 품질에 따라 1++ 등급, 1+ 등급, 1등급, 2등급, 3등급으로 나누었지요. 그 결과 미국이나 호주에서 들여온 소고기보다 훨씬 높은 품질을 유지하며 오늘날까지 최고 위치를 차지하고 있어요.

우리나라에서는 소고기가 가장 비싸지만, 그렇지 않은 나라도 있어요. 미국은 땅이 넓고 목초지가 많아 축산업이 발달했어요. 생산 비용이 적게

드니 소고기 가격이 우리나라와 비교해 훨씬 저렴해요. 중국 사람들은 전통적으로 소고기보다 돼지고기를 선호해요. 그래서 돼지고기 산업이 소고기 산업에 비해 더 발달했지요. 아르헨티나는 목초지가 풍부하고 기후가 온화해 축산업이 크게 발달했어요. 소고기 생산량이 많아 전 국민이 소고기를 자주 먹어도 가격 부담이 적어요. 세계적으로도 아르헨티나는 소고기 가격이 저렴한 편에 속하지요.

전 세계에서 삼겹살이 가장 비싼 대한민국

삼겹살은 돼지의 갈비 부근에 붙은 뱃살 부위예요. 비계가 세 겹으로 겹쳐 있어 삼겹살이라고 이름 붙었어요. 한국인이 선호하는 외식 메뉴지요.

삼겹살이 맛있는 이유는 풍부한 지방 덕분이에요. 구울 때 기름이 엄청 나와 튀기듯 구워져요. 여기에 지방이 타면서 나오는 향이 더해져 더욱 맛있게 느껴지지요. 삼겹살은 전체 무게의 약 60퍼센트가 지방이에요. 100그램당 330칼로리로, 목살(270칼로리), 앞다리 살(180칼로리)에 비해 열량이 훨씬 높아요. 살코기처럼 보이는 부분도 단백질보다 지방이 더 많아 주의가 필요해요.

우리나라에서 삼겹살을 언제부터 먹기 시작했는지 정확하게 알려지지는 않았지만, 1970년대 후반부터 삼겹살구이 전문점이 생겨난 것으로 보여요. 1980년대 이후부터 휴대용 가스레인지가 보편화하면서 식당이나 가정의 식탁 위에서 바로 고기를 구워 먹을 수 있는 환경이 갖춰졌어요. 1990년대 이후부터는 삼겹살의 인기는 점점 높아져 '금겹살'이라는 별칭이 붙을 정도로 돼지고기 중에 가장 비싼 위치를 차지하고 있어요.

전 세계에서 삼겹살을 직접 식탁 위에서 구워 먹는 문화를 가진 나라는 한국이 거의 유일해요. 외국인들은 이것을 '한국식 바비큐'라고 표현해요. 서양 사람들은 바비큐를 야외에서 먹지만, 우리나라는 실내에서, 일상적으로 먹어요. 고기와 상추, 깻잎 같은 쌈 채소와 마늘, 김치, 파채, 양파 등 채소를 함께 먹는 문화도 독특해요. 요즘은 K-푸드가 전 세계로 퍼지면서 한국식 바비큐도 인기가 높아요.

우리나라에서는 돼지고기가 삼겹살 위주로 판매되며 삼겹살 이외의 부위는 찾는 사람이 적어 재고가 쌓이는 문제가 나타났어요. 한국의 삼겹살 가격은 해외 10개국 평균 가격보다 2.3배 정도 비싸요. 한국에서 생산하는 삼겹살로는 모자라서 독일, 스페인, 칠레 등 17개국에서 수입하고 있지요.

조선의 프라이드치킨, 포계

조선 시대에도 프라이드치킨과 비슷한 '포계'라는 음식이 있었어요. 프라이드치킨은 반죽을 입힌 닭을 기름에 튀겼다면, 포계는 닭을 기름에 볶으면서 간장, 식초, 참기름, 밀가루 소스를 부어서 만들어요. 오늘날 간장 치킨과 비슷한 맛이라고 추측돼요.

포계는 권세 있는 양반가에서 귀한 손님을 대접할 때 내놓는 음식이었어요. 조선 시대에는 닭도 귀했지만, 식용유와 밀가루가 흔하지 않았어요. 기름을 짜려면 많은 양의 콩, 깨, 목화씨, 해바라기씨 등이 필요한데, 쉽게 구할 수 없었지요. 밀은 우리나라 기후에서 자라기 힘들어 수확량이 극히 적었고요. 포계는 닭을 튀긴다기보다 기름을 넉넉하게 붓고 볶는다고 할 수 있어요. 포계의 포(炮) 자도 '굽는다'라는 뜻이에요.

세종이 아파서 입맛을 잃었을 때 어의가 포계를 바쳤고, 포계를 먹은 세종이 기력을 회복했다는 기록이 남아 있어요.

고기를 먹지 않는 문화도 있어요

종교와 문화에 따라 고기를 먹지 않는 사람들이 있어요. 힌두교는 소를 신성하게 여겨요. 힌두교를 믿는 사람이 많은 인도는 소를 도축하는 일이 사람을 살해하는 일과 같다고 생각해요. 맥도날드는 1996년, 인도에 진출한 이후 지금까지 소고기를 사용하지 않아요. 소고기를 넣은 '빅맥' 대신 양고기를 넣은 '마하라자 맥', 닭고기로 만든 닭고기 버거를 판매하지요.

이슬람교 신자들은 돼지고기를 먹지 않아요. 이슬람교의 가르침을 담은 〈코란〉에서 돼지고기를 먹지 말라고 하기 때문이에요. 중동에서 돼지고기

를 선호하지 않는 이유는 기후와도 관련 있어요. 중동의 덥고 메마른 기후는 돼지를 기르거나 먹기에 알맞지 않아요. 돼지는 땀샘이 없어 주기적으로 피부에 수분을 보충해 줘야 해요. 또 인간이 먹는 음식을 모두 섭취해요. 그러니 덥고 물이 부족한 중동 지역에서 돼지는 키우기 적합하지 않아요.

중동 지역처럼 덥고 건조한 기후에서는 고기가 부패하기 쉬워 자칫 잘못 먹으면 식중독에 걸릴 확률도 높아요. 중동 사람들과 이슬람교도들이 많이 타는 터키항공은 기내식에 돼지고기 음식이 없어요.

일본 사람들은 약 1200년 동안 고기를 먹지 않았어요. 6세기에 백제와 당나라에서 전파된 불교의 가르침에 따라 생명을 죽이는 일을 금지했기 때문이에요. 이때부터 일본은 생선, 조개 같은 해산물을 중심으로 한 음식이 발달했어요. 1872년, 일본이 서양 문물을 받아들이는 메이지 유신을 선포하면서 비로소 육식 금지령이 풀렸어요.

고기를 먹는 게 왜 문제일까?

고기를 먹는 일은 동물 단백질을 섭취할 수 있는 가장 쉬운 방법이에요. 단백질은 인간의 육체가 성장하고 유지하기 위해 꼭 필요한 영양소고요. 어른들은 성장기 어린이, 청소년 들에게 "고기를 많이 먹어야 키가 크고 체력이 좋아진다"라고 말해요. 이 말은 고기를 '적당히' 먹었을 때만 맞는 말이에요. 고기에는 몸에 좋은 단백질보다 몸이 좋지 않은 포화 지방이 더 많아요. 어린 시절부터 고기를 너무 많이 먹으면 어른이 되었을 때 비만,

고혈압 등 각종 성인병이 생길 확률이 더 높아요.

그렇다고 채소만 먹어야 한다는 말은 아니에요. 가끔 종교나 신념에 따라 소고기, 돼지고기, 닭고기를 먹지 않는 어린이와 청소년들도 있어요. 이런 경우 콩이나 두부 등에서 철을, 아보카도나 견과류 버터에서 지방을, 그리고 각종 식물 단백질을 잘 섭취해야 해요. 부족한 영양소는 식이 보조제를 통해 공급해야 하지요.

성장기 어린이, 청소년은 모든 영양소를 '골고루' 먹는 게 좋아요. 우리 몸은 단백질, 탄수화물, 지방 말고도 비타민, 무기질, 물 등이 꼭 필요해요. 고기는 단백질과 지방은 많지만, 비타민과 미네랄이 부족해요. 채소는 비타민, 무기질, 섬유질이 풍부하고요. 건강을 위해서는 고기와 채소를 균형 있게 섭취하는 것이 중요해요. 고기를 먹을 때 상추에 싸서 먹거나, 고기 대신 생선을 먹거나, 필수 지방산이 많은 호두, 아몬드, 잣 등의 견과류를 챙겨 먹도록 노력해 보세요.

고기를 먹지 않아도 즐거운 사람들

과일, 채소, 곡물 등 식물성 음식만 먹는 것을 '채식주의'라고 해요. 종교, 신념, 건강, 체질, 환경 보호 등 다양한 이유로 채식을 선택하는 사람들이 늘고 있어요. 고기 소비를 줄이면 환경에 도움이 되고, 몸에도 이롭기 때문이죠. 동물을 사랑하고 존중하는 마음을 실천할 수도 있고요.

채식주의는 여러 단계가 있어요. 채식에 도전하기 어려운 어린이도 고기를 선택적으로 먹거나 횟수를 줄이는 방식인 '플렉시테리언 단계'는 얼마든지 실천할 수 있을 거예요.

채식주의의 단계

비건: 오직 식물성 식품만 섭취해요.

락토 베지테리언: 채소와 우유, 치즈 같은 유제품을 먹어요.

오보 베지테리언: 달걀을 섭취해요.

락토·오보 베지테리언: 채소, 유제품, 달걀을 먹어요. 서양에 많은 채식 형태예요.

페스코테리언: 유제품, 달걀, 해산물과 생선을 섭취해요.

폴로테리언: 닭과 오리를 먹어요.

플렉시테리언: 허용된 기준에서 육류를 섭취해요. 집에서는 채식을 하고, 밖에서는 고기를 먹는 식이죠.

	채소	유제품	달걀	생선 해산물	오리 닭고기	고기
비건	✓					
락토 베지테리언	✓	✓				
오보 베지테리언	✓		✓			
락토·오보 베지테리언	✓	✓	✓			
페스코테리언	✓	✓	✓	✓		
폴로테리언	✓	✓	✓	✓	✓	
플렉시테리언	✓	✓	✓	✓	✓	✓

세계 여러 나라의 고기 요리

한국 – 불고기

소고기를 간장 양념에 재어 볶아 먹는 고기 요리예요. 양념한 고기에 육수를 자작하게 넣고 끓이는 서울 불고기, 양면 석쇠에 넣고 숯불에 바짝 구워 낸 광양식 불고기, 양념을 적게 해 구워 내는 언양식 불고기가 있어요.

중국 – 동파육

구운 통삼겹살에 간장을 부어 조려요. 송나라 시인 소동파가 만들어 먹었다고 해서 붙은 이름이에요.

그리스 – 수블라키

돼지고기, 양고기, 닭고기를 소금, 후추, 레몬즙, 오레가노를 섞은 양념에 절인 후 긴 꼬치에 꿰어요. 올리브유를 발라 가며 숯불에 구워 만들어요.

튀르키예 - 시시 케밥

쇠고기나 양고기를 꼬치에 꿰어 숯불에 구운 튀르키예 케밥 중 하나예요. 종류가 다양해 지역마다 맛과 모양이 달라요. 그리스 수블라키와 비슷해서 두 나라가 원조를 주장하며 논쟁을 벌이기도 해요.

오스트레일리아·뉴질랜드 - 미트파이

파이 반죽 안에 고기, 양파, 감자, 토마토를 넣고 그레이비소스나 토마토소스를 버무려 오븐에 구워요. 오스트레일리아뿐 아니라 호주, 영국, 캐나다 등에서도 즐겨 먹어요.

프랑스 - 오리 다리 콩피

오리 다리를 소금과 허브로 절여 숙성한 뒤, 저온에서 오랜 시간 천천히 익히는 요리예요. 익히는 동안 수분이 빠지고, 고기가 부드러워져요.

길거리 음식

내겐 너무 사랑스러운 호떡

학원이 끝나는 종소리가 들리자, 진하는 서둘러 가방에 책을 챙겨 넣었어요.

'아, 배고파! 빨리 집에 가서 밥 먹어야지.'

저녁밥을 못 먹어서 그런지 아까부터 배가 고팠어요. 가방을 메고 교실을 나오는데 뒤에서 찬영이가 진하를 불렀어요. 희서도 찬영이 옆에 서 있었어요.

"진하야, 우리 김떡순 먹으러 가자!"

진하는 깜짝 놀라 찬영이에게 되물었어요.

"너 다이어트 중이잖아. 김밥, 떡볶이, 순대 먹어도 돼?"

찬영이는 양쪽 입꼬리를 씩 올리며 웃었어요.

"오늘은 치팅데이야. 다이어트 기간 중 하루를 정해서 먹고 싶은 음식

을 먹고 부족한 영양소를 채우는 날! 우리말로는 '먹요일'이라고도 하지."

진하가 떡볶이를 마다할 리 없지요. 진하의 최애 간식이자 영혼의 음식이 떡볶이니까요. 아플 때도 떡볶이를 먹으면 힘이 솟았어요. 그런데 희서가 마음에 걸렸어요.

"희서야, 너 괜찮겠어? 매운 거 못 먹잖아."

"괜찮아. 매번 엄마가 만드는 간장 떡볶이만 먹었더니 고추장 떡볶이 먹고 싶어."

진하는 희서, 찬영이와 무지개 떡볶이 가게로 달려갔어요. 무지개 떡볶이는 원래 학원 근처에 있던 포장마차였는데, 장사가 잘되어서 얼마 전

상가 1층에 번듯한 가게를 열었어요.

가게에 도착했는데 유난히 사람들로 북적거렸어요. 진하는 무슨 일인가 싶어 까치발을 들고 유리창 안을 들여다보았어요. 가게 안에서는 외국인 대여섯 명이 떡볶이를 먹으며 카메라로 영상 촬영을 하고 있었어요. 탁자 위에는 김밥, 순대, 튀김, 어묵까지 이 집에서 파는 음식 대부분이 놓여 있었어요. 외국인들은 감탄하며 음식을 먹고 있었고요. 유튜버로 보이는 사람이 떡볶이 가게 사장님을 인터뷰했어요.

진하는 희서와 찬영이가 있는 곳으로 돌아와 말했어요.

"외국인들이 유튜브를 촬영하나 봐. 요새 김떡순 찾는 외국인이 많다더니, 신기하다."

"K-컬처의 인기 덕분이지 뭐. 한국 드라마, 영화가 세계적인 인기를 끌면서 드라마에 나오는 음식에 호기심이 무척 많대. 〈케이팝 데몬 헌터스〉에서 김밥 먹는 장면이 나와서 김밥이 엄청 유행이래."

찬영이의 설명을 옆에서 듣던 희서도 맞장구쳤어요.

"지난번에 아이돌그룹 세븐티파이브 멤버들이 김치라면 끓여 먹는 모습을 보고 외국인들이 따라 하는 동영상을 SNS에 올리는 챌린지도 있었어. 나도 봤는데, 진짜 맛있겠더라."

세 사람은 북적이는 떡볶이 가게에 들어가지 못하고 한동안 문 앞에서 기다려야 했어요. 아까부터 배가 고팠던 진하 배에서 꼬르륵 소리가 났어요. 촬영이 끝났는지 외국인들이 나간 뒤, 가게 안 흐트러진 탁자를 정리한 사장님이 진하와 희서, 찬영이를 불러 겨우 자리를 잡았어요.

"나는 김떡순!"

찬영이가 메뉴판을 보면서 외쳤어요.

"그럼 나는 오튀."

희서의 말을 알아듣지 못한 진하가 다시 물었어요.

"오튀가 뭐야?"

"오징어튀김! 내가 지어낸 말이야."

희서의 대답에 세 사람은 까르르 웃음이 터졌어요.

기다리는 동안 진하는 무지개 떡볶이 가게를 둘러보았어요. 포장마차 때보다 깨끗하고 아늑했어요.

"포장마차일 때는 서서 먹었는데, 여기서는 앉아서 먹을 수 있으니까 좋다. 그렇지?"

진하의 말을 들은 무지개 떡볶이 사장님은 음식을 내려놓으면서 말했어요.

"포장마차에서는 여러 문제가 있었지. 위생도 그렇고 말이야. 근데 가게로 오니까 그런 부분이 해결돼서 좋구나. 오늘 오래 기다리기도 했고 단골이니까 양 많이 담았다."

"감사합니다!"

진하와 친구들은 합창하듯 한 목소리로 인사했어요. 푸짐한 떡볶이를 보자 진하는 기분이 좋아졌어요.

"역시 길거리 음식은 가성비가 최고야! 언제 어디서나 부담 없이 먹을 수 있어. 맛도 좋고."

진하가 신나서 떡볶이 사진을 찍어 집에 있는 윤하에게 보냈어요. 바로 답장이 왔지요.

무지개 떡볶이? 맛있겠다. 집에 올 때 내 떡볶이도 1인분만 사 와.

진하는 윤하에게 줄 떡볶이를 포장 주문했어요. 떡볶이에 자부심이 큰 사장님은 떡볶이를 건네며 당부했어요.

"우리 집은 국내산 쌀떡을 쓰기 때문에 밀떡과 달리 오래 두면 떡이 풀어져 맛이 없어. 가져가서 언니한테 바로 먹으라고 해."

진하는 언니한테 줄 떡볶이를 챙겨 무지개 떡볶이 사장님에게 인사하고 밖으로 나왔어요.

그때 가게 건너편에서 고소한 기름 냄새가 풍겼어요. 역시나 찬영이가 앞장을 섰어요.

"밥을 먹었으면 후식까지 먹어야지. 호떡 어때?"

진하는 김떡순에 오징어튀김까지 먹었더니 더 이상 음식이 들어갈 배가 남아 있지 않았어요. 하지만 찬영이는 진하의 옷자락을 잡고 호떡집으로 끌고 갔어요.

"호떡이 얼마나 맛있는데. 원래 호떡은 겨울 음식이지만 요즘에는 날씨에 상관없이 먹을 수 있다고. 외국인 관광객들도 엄청 좋아해!"

찬영이는 주문한 호떡이 나오자, 진하와 희서에게 하나씩 나누어 주었어요. 진하는 배가 불렀지만 따뜻한 호떡을 보니 또 군침이 돌아 한입 베어 물었어요.

"호떡이 원래 이렇게 맛있었나? 기름의 고소한 맛과 설탕의 달콤한 맛이 어우러져 도넛이나 와플보다 훨씬 맛있어!"

그렇게 말하는 순간, 호떡 반죽 안에 있던 뜨거운 설탕 소 한 덩어리가 진하의 가슴께로 떨어졌어요.

"으악!"

그 모습을 본 찬영이가 먹던 호떡을 내려놓고는 얼른 가게 안으로 들어가더니 물티슈를 가지고 나왔어요.

"다 닦인 거 같아. 고마워."

"호떡 소는 뜨거워서 화상 입기 쉬워. 조심해야 돼."

그 사이 아까 무지개 떡볶이에서 봤던 외국인 무리가 호떡 가게 문을 열고 밖으로 나왔어요. 호떡을 먹는 진하를 보고는 다가와 마이크를 대면서 물었어요. 그것도 영어로요.

"호떡 맛있습니까? 호떡을 좋아하는 이유는 무엇입니까?"

진하는 질문을 알아들었지만, 당황해 머리가 하얘지면서 아무 생각도 나지 않았어요. 진하가 우물쭈물하고 있을 때 찬영이가 진하 앞으로 나오며 영어로 대답했어요.

"호떡은 한국에서 인기가 아주 많아요. 요새는 외국인들에게도 인기가 많죠. 튀기듯 구워 내 달콤하고 고소해요!"

찬영이의 말을 듣고 있던 외국인 유튜버도 깜짝 놀랐어요.

"인터뷰에 응해 주셔서 감사합니다. 음식에 대한 정보가 뛰어난데요?"

"제가 먹방 영상, 요리 영상 보는 게 취미라서 도움이 되었습니다."

희서는 찬영이를 놀란 표정으로 보았어요. 찬영이가 영어를 잘하는지, 음식에 대해 잘 아는지 몰랐거든요. 외국인 유튜버들이 떠나자, 찬영이는 진하를 보며 손가락으로 브이를 그렸어요. 그러더니 남은 호떡이 식으면 맛없다며 얼른 먹었지요. 그 모습을 보면서 진하는 숨겨 두었던 생각을 찬영이에게 털어놓았어요.

"찬영아, 너 아이돌 대신 요리 유튜버는 어때? 영어도 잘해서 외국인에게 한국 음식을 알리는 유튜버 하면 잘할 것 같아."

"그럴까? 나도 아이돌보다 음식이 더 좋아."

찬영이는 쑥스러워 머리를 긁적이며 대답했어요.

김떡순을 아시나요?

길거리 음식은 거리나 시장 등에서 간단하게 조리하여 파는 음식을 말해요. 우리나라의 대표적인 길거리 음식으로는 떡볶이, 순대, 어묵, 호떡, 붕어빵, 군고구마 등이 있지요. 사람들이 많이 찾는 음식을 김떡순(김밥, 떡볶이, 순대) 등으로 묶어 부르기로 해요.

사람들이 많이 다니는 길거리에서 음식을 판매하는 가게는 아주 오래전부터 있었어요. 고대 로마 폼페이 유적에서 로마 사람들이 이용하던 길거리 음식점이 발견되었어요. 이 가게는 화구에서 조리해 바로 앞에 있는 손님에게 음식을 내주는 구조여서 길거리 음식점 형태였을 것으로 추정해요. 돼지고기, 생선, 달팽이, 소고기, 콩을 갈아 넣은 와인 등의 흔적이 발견되어 당시 길거리 음식으로 무엇을 소비했는지 연구하고 있어요.

지금의 길거리 음식 중에는 역사를 거슬러 올라가면 아무나 먹을 수 없던 귀한 음식도 많아요. 떡볶이는 조선 시대 왕이 먹던 음식이었어요. 지금처럼 고추장 양념이 아닌 간장 양념이었지요. 설에 준비한 가래떡과 소고기를 활용한 떡볶이는 자주 먹을 수 있는 음식이 아니었답니다. 잔칫날이나 귀한 손님을 대접할 때에만 내놓을 수 있었지요. 고명까지 올려 먹는 귀한 음식이라 후대에 궁중 떡볶이라 부르게 됐대요.

 길거리 음식은 많은 사람이 부담 없이 즐기기 때문에 유행이 빠르고, 그 나라의 역사와 문화가 고스란히 담겨 있어요. 달고나는 설탕과 베이킹 소다를 가열하여 만드는 사탕의 한 종류예요. 1950년대 초, 달고나 노점을 찍은 사진이 남아 있어요. 1960년대 '설탕보다 달구나'에서 달고나라는 이름이 유래했다는 설도 있지요. 지역마다 부르는 명칭이 다른 것으로 보아 전국적으로 유행한 간식이라는 걸 알 수 있어요. 이후 불량 식품이라는 인식이 생기면서 달고나를 파는 곳이 점차 줄어들었어요. 그러다 2021년 세계적으로 인기를 끈 드라마 〈오징어 게임〉에 나오면서 국내는 물론이고 해외에서도 '달고나' 열풍이 불었어요. 이처럼 길거리 음식은 국민의 생활, 문화, 역사와 밀접한 관련을 맺고 끊임없이 변하고 발전한답니다.

드라마가 쏘아 올린 김밥 수출

 농림축산식품부가 발표한 자료에 따르면 2025년 상반기 K-푸드의 수출액은 66.7억 달러(한화 약 9조 2천 231억 원)예요. 이는 역대 최고 실적으로 전년보다 7.1퍼센트 증가한 수치예요. 가장 많이 수출한 식품은 라면, 아이스크림, 소스류 등이에요. 외국인이 자주 먹는 한식은 한국식 치킨, 김치, 라면 순이었어요. 한식 하면 생각나는 음식은 김치, 비빔밥, 한국식 치킨, 불고기 순이래요.

미국 하버드 경영대학원에서는 K-푸드의 인기 비결을 "K-컬처 덕분"이라고 분석했어요. K-컬처는 한국의 문화 콘텐츠를 광범위하게 일컫는 말이에요. K-POP부터 한국 영화, 드라마, 패션 등이 해당해요. 한국의 대중문화가 전 세계에 퍼지면서 한국 음식도 인기를 끌고 있다는 뜻이에요. 한국 드라마나 영화에서 치킨, 김밥, 불고기, 떡볶이, 라면 같은 음식을 먹는 모습이 한국 음식 유행으로 이어진대요.

아카데미상을 받은 영화 〈기생충〉에 나오는 '짜파구리'는 '짜파게티'와 '너구리'를 함께 끓여 만들어요. 영화에 나온 이후 두 라면의 매출이 모두 전년과 비교해 2배나 늘었대요. 드라마 〈이상한 변호사 우영우〉가 해외로

수출되면서 유럽과 미국에서 냉동 김밥이 없어서 팔지 못할 정도로 인기를 끌었어요. 최근 유행한 〈케이팝 데몬 헌터스〉에도 김밥과 라면, 어묵 등 한국 음식을 맛있게 먹는 장면이 나와요. SNS에서 등장인물처럼 김밥을 자르지 않고 통째로 먹는 챌린지가 유행하기도 했어요. 또 주인공들이 먹은 설렁탕을 먹기도 한대요. 해외에서는 라면을 일본어 '라멘'으로 표기하는 경우가 흔했는데 영화에서는 라면으로 표기하고 발음해 더 화제가 됐어요. 한국에서도 매운맛으로 인기 있는 '불닭볶음면'은 해외에서 특히 인기가 많아요. 독특한 매운맛으로 해외에서 인기를 끌다 블랙핑크나 방탄소년단 등 유명 아이돌들이 먹으면서 더 유행했어요. 이를 두고 하버드 경영대학원에서는 "현재 한국의 K-컬처를 잇는 K-푸드는 전 세계 국경을 넘나드는 문화 현상이 됐다"고 높이 평가했어요.

미국의 원조 식량 밀가루 덕분에 탄생한 고추장 떡볶이

일제 강점기와 6.25 전쟁을 겪은 우리나라 국민은 1960년대까지 쌀 부족에 시달렸어요. 쌀밥으로는 배를 채우기가 쉽지 않았죠. 쌀의 생산량이 많지 않아 보리, 콩, 조 같은 잡곡을 섞어 양을 늘렸어요. 그마저 여의찮을 때는 감자, 고구마, 옥수수로 끼니를 대신할 때도 있었어요. 떡은 밥보다 쌀이 훨씬 많이 들어가서 백일, 돌, 생일, 회갑 등 특별한 날에만 먹을 수 있었어요.

그러다 미국이 밀을 무상으로 대량 공급해 주었어요. 밀가루가 들어온 초기에는 빵, 국수로 끼니를 해결하는 데 거부감이 있었어요. 밥을 주로 먹던 한국 사람들에게 밀가루 식사는 익숙하지 않았지요. 정부에서는 밀을 소비하기 위해 쌀을 대신해 다른 곡식을 섞어 먹는 '혼분식 장려 운동'을 펼쳤어요. 원래 장려라는 말에는 강제성이 없는데 이때는 강제적인 방법이 동원됐어요. 대표적인 예가 도시락 검사예요. 30퍼센트 이상 혼식이어야 밥을 먹을 수 있었대요. 쌀을 먹지 않는 '무미일'을 정하기도 하고, 설렁탕에 밥 대신 국수를 넣어 먹게도 했어요. 밀가루로 가래떡을 만들어 먹기도 했고요.

그즈음 국민 간식 떡볶이가 탄생했어요. 1953년, 신당동에 살던 마복림 할머니는 밀가루떡에 고추장과 중국식 춘장을 섞은 양념으로 떡볶이를 판매하여 엄청난 인기를 끌었어요. 가격이 저렴했고, 밀가루 소비를 늘려야 하는 시대 상황과 딱 맞는 음식이었지요. 고추장을 넣은 떡볶이는 순식간에 사람들의 입맛을 사로잡으며 전국으로 퍼져 나갔어요.

취향에 따라 선택할 수 있는 떡볶이

쌀이 풍부한 요즘은 취향에 따라 쌀 떡볶이, 밀 떡볶이를 선택할 수 있어요. 쌀떡은 쫄깃하고 고소해요. 오래 익히면 퍼지고 푸석해져 짧게 조리해요. 밀떡은 부드럽고 말랑하고 소스가 잘 스며드는 특징이 있어요. 오래 끓여도 흐물거리지 않아 즉석 떡볶이나 포장마차에서 주로 사용해요.

요즘은 떡볶이에 어묵, 당면, 치즈, 달걀, 라면 등 다양한 부재료를 넣어

맛을 더욱 풍부하게 해요. 간장, 케첩, 카레, 짜장, 생크림 등 양념에 따라 헤아릴 수 없을 정도로 종류가 많아요. 최근 유행하는 음식을 활용한 떡볶이가 나오기도 해요. 마라 떡볶이도 여기에 해당하지요.

떡볶이는 해외에서도 인기가 높아요. 동영상 플랫폼에서는 떡볶이에 치즈를 듬뿍 넣거나, 떡볶이 국물에 핫도그를 찍어 먹는 외국인들의 '떡볶이 먹방'이 높은 조회수를 기록하고 있어요. 새로운 문화를 추구하는 사람이 늘면서 이런 변화가 생겼지요.

2024년, 파리 올림픽 때 한국 문화를 홍보하기 위해 열었던 '코리아하우스'에 떡볶이를 먹으려는 외국인들이 길게 줄 서 있는 모습이 화제가 되기도 했어요. 네 시간여 만에 품절되었다니, 떡볶이의 인기가 얼마나 대단했는지 알 수 있지요. 2025년 영국 옥스퍼드 대학교 출판부가 펴내는 영어사전에 'tteokbokki(떡볶이)'가 실렸어요. 옥스퍼드 사전에서는 떡볶이를 '작은 원통형 떡과 고추장으로 만든 매콤한 소스로 양념한 한국 요리. 보통 간식으로 제공된다'라고 설명해요.

중국에서 온 호떡, 미국에서 온 핫도그가 한국 전통 음식이라고?

한국의 길거리 음식인 핫도그나 호떡의 세계적 인기도 만만치 않아요. 핫도그는 원래 독일과 미국 음식이에요. 미국에서는 길쭉한 빵을 자르고, 그 안에 소시지와 다진 피클, 양파, 케첩 등을 넣어 먹어요. 한국식 핫도그는 소시지를 꼬치에 끼워 밀가루 반죽과 빵가루를 입혀 튀겨요. 그리고 설탕, 케첩, 머스터드, 마요네즈 등을 뿌려 먹지요. 소시지 대신 치즈를 넣기도 하고, 겉을 빵가루가 아닌 감자로 감싸기도 해요.

요즘 미국에서는 한국식 핫도그가 엄청난 인기예요. 뉴욕, LA, 샌프란시스코 등 대도시에 한국식 핫도그 판매점이 생기고, 이를 즐기는 사람들이 늘고 있어요. 한국의 길거리 음식 문화를 좋아하는 외국인들이 SNS와 유튜브에 먹는 영상을 올릴 정도로 인기가 좋아요. 유명한 팝 가수가 한국 길거리 음식을 소개하기도 했대요.

호떡은 원래 페르시아에서 탄생한 음식이래요. 그 이후 중국으로 전해졌지요. 우리나라에는 1882년, 임오군란 즈음 조선에 온 청나라 화교 상인들이 생계를 위해 식당을 열고 음식을 팔 때 전해진 걸로 추정해요. 이때 들어온 호떡은 중국식으로 화덕에 굽는 방식이었어요. 지금 우리가 먹는 호떡은 한국식으로 변형된 거래요.

호떡은 밀가루와 찹쌀을 섞은 반죽에 흑설탕을 넣어 기름에 튀기듯 구워요. 기름의 고소한 맛과 설탕의 달콤한 맛이 어우러져 특히 겨울철에 인기가 많아요. 호떡은 한국을 찾는 외국인 관광객들에게도 큰 인기지요.

핫도그나 호떡은 외국에서 들어온 음식이지만 한국식으로 발전시켜 오늘날 세계인이 즐기는 한국의 길거리 음식이 되었어요. 짜장면은 중국요리 '짜장몐'에서 유래했지만 전혀 다른 음식이지요. 미국식 프라이드 치킨에 고추장, 마늘 등 한국식 양념을 덧입힌 양념치킨도 해외 음식이 한국화한 경우예요. 프랑스 제과 마카롱에 들어가는 필링을 아주 두껍게 쌓아 맛을

더한 일명 '똥카롱'도 이제는 한국의 디저트라고 해도 과언이 아니에요.

이처럼 해외에서 들어온 음식이 그 나라 사람들의 입맛과 문화에 맞게 변화를 거치며 제2의 음식으로 새롭게 탄생한답니다.

단점도 있는 길거리 음식

길거리 음식의 가장 큰 장점은 저렴하고 접근성이 좋다는 거예요. 시간이나 장소에 상관없이 언제, 어디서나 쉽게 먹을 수 있지요. 바쁜 직장인들은 출근 시간에 길거리에서 빠르게 토스트를 먹고, 출출한 사람들은 걸어가면서 붕어빵, 호두과자를 먹지요.

길거리 음식은 지역별로 다른 특징과 새로운 문화를 반영해요. 부산 국제시장에서는 호떡에 각종 견과류를 넣은 씨앗호떡을 팔아 전국적으로 유명해졌어요.

 길거리 음식의 가장 큰 단점은 위생 문제예요. 위생 관리가 엄격하지 않아 식중독이나 감염병 위험이 도사리고 있거든요. 도구나 식기가 제대로 세척되지 않았을 수도 있고, 길에 음식을 내놓고 파는 특성상 먼지가 많을 수 있어요.

 영양의 불균형도 단점으로 꼽혀요. 길거리 음식은 대개 기름지고, 달고, 열량이 높아요. 미네랄이나 비타민 같은 영양소는 부족하고요. 특히 핫도그, 호떡, 김말이, 닭강정 등 기름에 튀긴 음식들은 지방 함량도 높아 자주 먹으면 건강에 좋지 않으니 주의할 필요가 있어요.

세계 여러 나라의 길거리 음식

일본 - 덴푸라

해산물이나 채소 등에 밀가루로 튀김옷을 입혀 고온에 짧게 튀긴 튀김 요리예요. 16세기 후반경 포르투갈 선교사에 의해 전해진 서양 요리의 영향을 받아 만들어졌어요.

체코 - 트르델리크

가운데가 뻥 뚫린 모양이 굴뚝과 비슷해서 우리나라에서는 '굴뚝 빵'이라고 불러요. 겉에는 설탕과 시나몬 가루를 뿌리고 빵 안에 아이스크림, 초코시럽 등 다양한 토핑을 넣어 먹기도 해요.

대만 - 지파이

닭가슴살을 넓적하게 펴서 기름에 튀겨요. 치킨가스와 비슷하지만, 고춧가루, 오향가루, 김 가루 등 다양한 향신료를 사용해서 향이 강해요. 취향에 따라 머스터드 소스를 뿌려서 먹기도 해요.

스페인 - 추로스

버터, 밀가루, 설탕 등을 반죽해 짤주머니에 담은 뒤 짜내서 튀긴 요리예요. 스페인에서는 진하고 걸쭉한 액체 상태의 따뜻한 초콜릿에 찍어 커피와 같이 먹어요. 때로는 겉에 설탕을 뿌려 먹어요.

이탈리아 - 젤라토

과즙, 과육, 우유, 설탕 등을 섞어 얼려 만들어요. 일반 아이스크림보다 공기 함유량과, 유지방이 적어 진하고 쫀득한 느낌이에요. 이탈리아 볼로냐에는 젤라토 제조 기술자를 키우기 위한 젤라토 대학이 있어요.

이집트 - 코샤리

콩, 쌀, 마카로니 등을 삶은 뒤 기름에 튀긴 양파와 마늘을 올리고 토마토소스를 뿌려 맛을 내요. 사람이 많은 광장에 가면 코샤리를 파는 푸드트럭을 쉽게 볼 수 있어요. 2011년, 이집트 시민들이 힘을 합쳐 30년간 이집트를 지배한 독재자 대통령을 끌어내렸는데, 이 사건을 '코샤리 혁명'이라고 불러요.